청소년을 위한 사회문화 에세이

구정화 교수와 함께 **통계**로 세상 읽기

청소년을 위한
사회문화
에세이

구정화 지음

경인교육대학교 사회교육과 교수

해냄

통계로 사회 읽기, 통계로 미래 보기

여러분은 지금 낯선 동네에 있습니다. 인터넷이나 전화를 전혀 사용할 수 없는 상황이라면, 어떻게 맛집을 찾을 수 있을까요? 제가 방법을 알려드리죠. 먼저 식당이 모여 있는 곳으로 갑니다. 그리고 사람들이 가장 많이 몰려 있는 식당을 찾으면 됩니다. 어때요, 간단하죠?

이번에는 학원을 찾는다고 해봅시다. A동네에는 한두 개의 학원이 있고 B동네는 많은 학원들이 밀집해 있군요. A와 B동네 중 어디로 가면 실패할 확률이 낮을까요? 당연히 학원이 많이 모여 있는 동네이겠지요. 거꾸로 생각해 보면, 사람들은 학원이 밀집된 곳을 찾기에 자연스레 학원들이 한 동네에 몰릴 수밖에 없습니다.

어떤 옷을 사야 할지 고민이 될 때에는 어떻게 하면 될까요? 이 또한 옷가게가 모여 있는 곳에 가서, 사람들이 많이 사는 옷을 보여달라고 하면 됩니다. 물론 자신의 취향이 뚜렷하다면 다수의 선택이나 경향을 따르기보다 취향에 따라 선택하면 되죠.

그런데 여러분 이 모든 상황에 '통계'가 숨어 있다는 사실을 눈치챘나요? 맛집 이야기로 돌아가 봅시다. 식당에 손님이 많다는 사실은 그 집의 음식에 만족하는 사람이 많다는 의미입니다. 이것을 통계적으로 정리해 볼게요. "이 식당의 음식이 맛있다고 생각합니까?"라는 질문에 대다수의 사람들이 '그렇다'라는 항목을 선택한 결과와 같은 것이죠. 그래서 손님이 많은 식당은 사람들의 입맛을 평균 이상으로 만족시킨다고 생각할 수 있겠네요.

이렇게 보면 통계를 통해 사회를 본다는 것은 개인 행위자들이 갖는 개별적인 의미를 파악하기는 어려워도 사회의 전반적인 경향을 파악하는 데에는 도움이 됩니다. 더 쉽게 말하면, 통계는 개개인을 보는 게 아니라 다수의 경향을 보는 것입니다. 최대값이나 최소값, 평균값을 보는 것이죠. 그렇다면 우리는 통계를 어떻게 읽어야 할까요? 대체 통계의 결과는 왜 알아야 할까요?

통계는 어떤 현상을 한눈에 알아보기 쉽도록 일정 기간과 대상 집단을 정해 자료를 수집하여, 숫자로 나타내는 것입니다. 통계표는 특정 대상에게 조사한 자료를 숫자로 정리한 표이고요. 단순하게 현상을 보여주는 것부터 집단별로 어떤 차이를 보이는지 등 다양한 정보를 담고 있지요. 그래서 통계를 제대로 읽으면 사회를 이해하는 기반을 다질 수 있어요.

좀더 자세히 이야기해 봅시다. 통계를 읽으면 어떤 현상과 관련한 그 사회 구성원의 일반적인 성향이나 의견을 파악할 수 있어요. 대략적으로 우리 사회가 무엇을 선호하고 무엇을 싫어하는지, 대체적으로 평균이 가장 높은 선택은 무엇인지 등 경향을 파악할 수 있다는 말입니다. 다시 말해, 나와 같은 선택을 하는 다른 구성원들은 어느 정도나 되는지를 알 수 있죠.

또한 통계를 알면, 그 현상과 관련한 집단 간 차이를 파악하는 데도 유리합니다. 대부분의 통계는 연령이나 성별 등의 집단에 따라 분리하여 결과를 제시하는 경향이 있습니다. 이에 따라 집단들 간의 차이를 살펴보고 그러한 차이가 왜 생기는지도 생각해 볼 수 있죠.

이런 점을 고려하면 통계는 우리가 살아가는 사회에서 다른 구성원들이 어떻게 살아가고 있으며, 사회 안의 다양한 집단들은 어떤 선택을 하고, 그런 선택들은 나의 선택과 어떻게 다른지를 파악할 수 있는 지표가 됩니다. 이러한 과정을 통해 우리는 우리가 살아가는 사회를 더 쉽게 이해할 수 있어요.

다양한 집단 간에 어떤 차이가 얼마나 존재하고 그러한 차이가 만들어내는 문제가 무엇인지도 예상할 수 있고요. 또 이런 현실에서 나는 어떤 선택을 하고 어떻게 살지 판단할 수 있습니다. 앞으로의 변화를 미리 읽어 미래에 대비할 수도 있겠죠.

그럼 대한민국 청소년을 둘러싼 다음 통계를 함께 읽어봅시다. 제대로 읽는다면 우리 청소년들의 이모저모가 한눈에 보일 겁니다.

대한민국 청소년의 모습을 보여주는 다양한 숫자들

자, 이제부터 여러분 앞에 3개의 표가 나타날 겁니다. 복잡해 보이지만 저와 함께 하나씩 차례대로 천천히 읽어봅시다. 우리는 이 표들을 통해서 어떤 내용을 알아낼 수 있을까요?

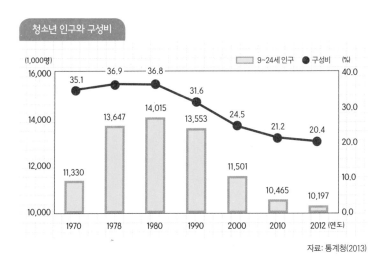

자료: 통계청(2013)

가장 먼저 〈청소년 인구와 구성비〉에 관한 그래프를 보세요. 대한민국 인구 중에서 9~24세인 사람들의 비율이 얼마나 되는지, 1970년부터 2012년까지 어떻게 변했는지 정리되어 있습니다.

그런데 잠깐, 우리는 보통 중·고등학생을 청소년이라고 하는데 이 표를 보면 정부에서는 9세에서 24세 사이의 인구를 청소년이라고 규정함을 알 수 있군요. 현재 '유엔아동권리협약'은 만 18세 미만까지를 '아동'으로 규정합니다. 우리나라 청소년 보호법에서는 '19~24세 사이의 사람'은 청소년이라 하지요. 그런데 통계청은 청소년 보호법에 의해 통계를 제시한 것으로 초등학생도 대학생도 청소년으로 분류가 됩니다. 초등학생이 되어서부터 대학을 졸업하고 사회에 나갈 때까지, 청소년으로서 정부의 정책 안에서 보호를 받을 수 있습니다.

2012년 우리나라 총인구는 5,000만 4,000명으로 2010년보다 1.2%p 증가했습니다. 그런데 청소년 인구는 2010년에 1,046만 5,000명이던 것이 2012년 1,019만 7,000명으로 감소했어요. 청소년 인구 구성비 그래프는 계속 아래로 내려가고 있죠? 이렇게 청소년이 줄어드는 까닭은 고령화와 저출산 현상 때문이라는데, 정말 그런 것 같습니다.

그렇다면 대한민국 청소년들은 어떻게 생활하고 있을까요? 두 번째 표 〈고교생 평일 하루 평균 사용 시간〉을 봅시다. 고등학교 3학년의 경우 하루 24시간 중 공부를 하면서 보내는 시간이 무려 11시간 3분입니다. 하루의 절반 가까이를 공부하는 데에 씁니다. 경제협력개발기구 (OECD) 국가 학생들의 평균 학습 시간은 5~6시간이라는데, 우리는 2배쯤 더 오래 책상 앞에 앉아 있네요. 밥을 먹고 잠을 자는 등 일상생활을 하면서 보내는 시간은 9시간 22분이군요. 친구를 만나 놀거나 쉬는 시간은 1시간 47분밖에 되지 않습니다.

그래도 우리 청소년들은 부족

고교생 평일 하루 평균 사용 시간

학습 8시간 1분 / 11시간 3분
교제 및 여가 3시간 / 1시간 47분
개인 유지 (수면, 식사) 10시간 24분 / 9시간 22분

전체 학생 ■ 고등학교 3학년
자료: 통계청(2009)

한 시간을 쪼개 깨알같이 놉니다. 2011년 청소년들을 대상으로 여가 시간을 어떻게 활용하는지 조사했습니다. 그 결과 '텔레비전 및 DVD를 시청한다'는 항목이 61.6%로 1위를 차지했습니다. 뒤이어 '컴퓨터 게임을 한다(49.6%)'와 '사교와 관련된 일을 한다(30.1%)'는 항목이 2, 3위에 올랐습니다. 이러한 결과가 나오는 까닭은 바깥에서 활동을 하기엔 청소년들에게 주어진 여가 시간이 너무 짧은 탓이겠죠.

많은 사람들이 청소년 시기에 다양한 문화생활이나 운동 등을 경험해야 한다고 말합니다. 자신을 통제할 수 없어 혼란을 겪고 성장통을 앓는 청소년들에게 문화생활이나 운동은 아주 효과적이죠. 이런 활동들은 자아 정체감이나 자존감을 형성하는 데에도 긍정적인 영향을 줍니다.

그렇다면 대한민국 청소년들은 어떤 활동에 참여하고 있는지 다음 그래프를 통해 알아봅시다.

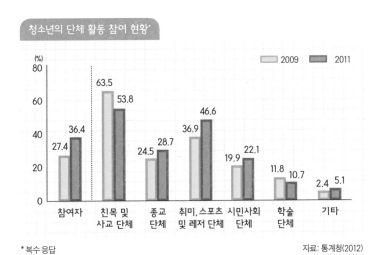

청소년의 단체 활동 참여 현황[*]

(%)

	2009	2011

참여자 27.4 36.4
친목 및 사교 단체 63.5 53.8
종교 단체 24.5 28.7
취미, 스포츠 및 레저 단체 36.9 46.6
시민사회 단체 19.9 22.1
학술 단체 11.8 10.7
기타 2.4 5.1

* 복수 응답

자료: 통계청(2012)

이 그래프에서는 2009년과 2011년의 조사 결과를 뚜렷하게 비교해 볼 수 있군요. 먼저 2009년에 비해 2011년에 단체 활동에 참여한 사람들이 늘어났네요. 단체 활동을 한 청소년이 3명에 1명꼴은 되는 셈입니다.

2011년을 기준으로 청소년들이 가장 많이 참여한 것은 '친목 및 사교 활동'입니다. '취미, 스포츠 및 레저 단체'와 '종교 단체' 활동 등이 그 뒤를 잇고 있네요. 2009년과 비교했을 때 취미, 스포츠 레저 단체 활동이나 시민사회 단체 활동 비율이 증가했는데, 바로 대학 입학시험(입시)에 이러한 활동들이 반영되기 시작한 결과라고 볼 수 있습니다.

공부도 해야 하고 다양한 활동까지 병행해야 하니, 대한민국 청소년들은 무척 바쁠 것 같습니다. 이렇게 바쁘 사는 만큼 고민도 많군요. 역시 가장 큰 고민은 공부였습니다. 2010년 조사에 따르면, 15~19세 청소년들은 첫째로 공부(55.3%), 둘째로 외모와 건강(16.6%), 셋째로 직업(10.2%)에 대한 고민이 많았습니다.

그런데 2002년 청소년들의 응답 비율과 비교해 보면, 외모와 건강에 대한 고민은 줄어든 반면 직업에 대한 고민이 많이 늘었음을 알 수 있습

청소년들이 고민하는 문제											단위: %
	외모/ 건강	가정 환경*	용돈 부족	공부 (성적/ 적성)	직업	친구 (우정)	이성 교제	학교 폭력	흡연/ 음주	기타**	고민 없음
2002 (15~19세)	18.4	6.8	5.7	48.9	5.2	3.3	5.5	1.2	1.5	3.1	0.4
2010 (15~19세)	16.6	6.8	4.1	55.3	10.2	2.2	1.0	0.2	0.1	0.6	3.0

* 2010년의 경우 '가계 경제의 어려움' 포함
** '인터넷 중독' 포함

자료: 통계청, 「사회조사」(각 연도)

니다. 아마도 어려운 경제 상황이 청소년들의 미래에 대한 불안감을 가중시킨 것이 아닐까 싶군요.

실제로 이 설문의 응답 대상인 15~19세 청소년 10명 중 7명이 '스트레스를 받는다'고 합니다. 학교생활에서 스트레스를 받는다는 사람은 10명 중 7명, 가정생활에서 스트레스를 받는다는 사람의 비율은 10명 중 4명이었죠. 20~24세 청소년들보다 15~19세 청소년들이 스트레스를 받는다고 답한 비율이 더 높은 것을 보면, 대한민국 고등학생의 삶이 참 팍팍하다는 생각이 듭니다.

그래도 여러분 좌충우돌 힘든 순간도 많았지만, 지나고 보니 그 시절만큼 아름다웠던 시절도 없습니다. 어른이 되면 그 시절을 그리워할 거예요. 여러분이 지금 어떤 모습으로 살아가든, 현재를 즐기며 하루하루 열정적으로 살아가기를 바랍니다. '오늘'은 우리의 삶에서 가장 젊고 아름다운 날이니까요.

차례

1장 사회를 이루는 가장 작은 단위 인구와 가족

청춘이라 부럽구먼

3장 닫힌 사회에서 열린 사회로
사회계층과 세대 그리고 갈등

4장 함께 사는 세상이 더 아름답다
정의와 복지 그리고 참여

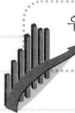

우리의 어제와 오늘 그리고 내일을 알려주는
대한민국 통계 키워드로 찾아보기

이 책을 읽기 전에 알아야 할 유의사항
표와 그래프를 읽는 방법

❶ 모집단과 표본

기본적으로 통계 자료를 조사할 때에는 모든 사람을 대상으로 하기보다는 일부를 조사하는 경우가 많습니다. 가령 어느 자료에서 조사 대상을 '13세 이상'이라고 했을 때에는 조사 대상으로 선정된 13세 이상의 사람들 중에서 수백 명 또는 수천 명을 대상으로 했을 가능성이 큽니다. 이 경우 13세 이상의 전체 인구를 모집단이라 하고, 실제로 조사 대상으로 선정된 수백, 수천 명의 사람들을 표본이라고 합니다.

다만 10년 단위로 실시되는 〈인구센서스 조사〉는 예외적으로 모집단과 표본이 거의 일치합니다.

❷ 증감률과 증감 정도

표를 읽다 보면, %p(퍼센트 포인트)라는 단위를 발견하게 될 겁니다. 이것은 '증감 정도'를 의미하는 단위입니다. 증감 정도는 작년과 비교하여 변화한 값, 그 자체에 초점을 둡니다. 예를 들어 작년에는 전체 인구 중 여성의 비율이 52%였다가 현재 여성의 비율이 53%인 경우를 봅시다. 이 경우에 여성이 차지하는 비율이 1%가 늘었음을 나타내려면 '1%p 증가했다'고 쓰면 됩니다. 즉, %p라는 것은 어떤 항목에 대해 비교하려는 연도 대비 증감 정도를 나타낸다고 보면 됩니다.

한편 '증감률'이라는 말도 있습니다. 이는 기준이 되는 시점과 비교했을 때 현재에 그러한 현상이 증가하거나 감소한 정도를 비율로 살펴보는

것입니다. 보통은 전년 대비 현재의 사항을 계산하게 됩니다. 예를 들어 인구증감률은 '[(전년도의 인구-금년의 인구)÷전년도의 인구]×100'과 같이 구합니다. 전년도에 비하여 증가했으면 +값으로, 전년에 비해 감소하였으면 -값으로 표시하면 됩니다.

❸ 백분율과 천분율

일반적으로 모든 비율은 백분율로서 분모를 100으로 잡아 그 비율을 따집니다. 단위는 %(퍼센트)를 사용합니다. 그런데 조출생률·조혼인율·조이혼율·조사망률과 같이 '조'라는 표현이 붙은 용어들은 대개 천분율을 나타내는 것입니다. 즉, 분모를 1,000으로 잡아 그 비율을 구했음을 의미하며 단위는 ‰(퍼밀)을 사용합니다. 이 책에서는 천분율을 나타낼 경우 단위를 생략했습니다.

❹ 연도

이 책에서 자료로 제시된 표나 그래프의 연도는 두 가지 방식으로 표기했습니다. 표나 그래프의 내용으로 연도가 들어간 경우에는 그 통계가 작성된 연도를, 표나 그래프의 내용에 연도가 들어 있지 않은 경우에는 그 통계를 조사한 연도로 표시했습니다.

1장

사회를 이루는
가장 작은 단위

인구와 가족

출생과 사망으로 보는
우리의 삶

키워드 합계 출산율, 출생 성비, 조사망률

누군가 사람의 삶을 'B와 D사이의 C'라고 말했다. 출생(birth)에서 죽음(death)에 이르기까지 중요한 선택(choice)이 모여 바로 삶이 된다는 뜻이다. 살아가면서 선택해야 하는 모든 상황이 중요하지만, 사실 태어나고 죽는 것도 매우 중요한 일이다. 출생과 사망에 대한 통계를 살펴보면 좀더 나은 삶의 선택을 할 수 있지 않을까?

우리 국민은 아이를 얼마나 낳을까

한마디로 말하면 사람의 일생은 태어나서 죽음에 이르는 과정입니다. 더 비극적으로 말하면 삶은 죽음으로 나아가는 과정이에요. 이렇게 말하고 보니 삶이란 참으로 쓸쓸한 여정이네요. 그러나 삶이 성숙하는 과정인지, 쇠퇴하는 과정인지는 각자 자신의 삶을 영위해 나가는 방식에 따라 결정됩니다.

사회적인 차원에서는 출생과 사망을 사회 구성원이 충원되고 사라지는 일련의 과정으로 이해합니다. 개인이 삶에 의미를 부여하는 것과는 맥락이 조금 다르죠. 출생과 사망은 사회 구성원의 수를 달라지게 하며, 구성원 수의 변화는 그 사회의 경제력을 비롯한 여러 현상에 영향을 미칩니다. 따라서 우리 사회는 출생과 사망의 양상에 관심을 가질 수밖에 없어요.

출생률을 계산하는 방법에는 여러 가지가 있습니다. 그중 그해의 전체 인구 대비 출생아 수를 천분율로 나타낸 것이 조출생률입니다. 즉, 1년간의 총 출생아 수를 해당 연도의 주민등록 연앙 인구로 나누어 1,000을 곱해 나오는 수입니다. 이때 연앙 인구는 해당 연도의 중앙일인 7월 1일의 인구를 말해요.

하지만 사회적 맥락에서 출생 인구의 규모를 명확하게 파악하기 위해서는 조출생률보다 합계 출산율을 활용하는 것이 더 좋습니다. 합계 출산율이란 가임 여성이 평생 낳을 것으로 예측되는 평균 자녀 수입니다. 일반적으로 우리나라에서 가임 여성은 15~49세 여성을 말하죠.

요즘 사람들은 결혼을 늦게 하고 자녀를 1명 정도만 낳으려고 합니다. 나아가 결혼을 하지 않으려는 여성도 점점 늘어나고 있어요. 이러한 상황을 모두 고려할 때, 합계 출산율이 2명이 되려면 일부 여성들이 3명 이상의 아이를 출산해야 합니다. 합계 출산율 2명이라는 수치는 아주 중요한 기준입니다. 현재 인구를 그대로 유지하기 위해 필요한 합계 출산율은 2.1명이에요. 합계 출산율이 2.1명보다 높으면 인구가 증가하고, 낮으면 인구가 감소하죠.

자, 이제 우리나라의 합계 출산율을 살펴봅시다. 우리나라의 합계 출산율은 1970년 약 4.5명, 1980년 약 2.8명이었습니다. 이때까지만 해도

24

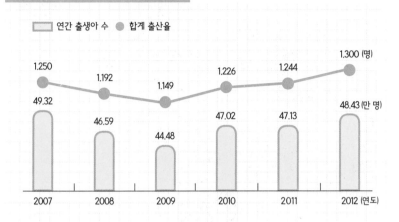

1-1 연간 출생아 수 및 합계 출산율 추이

연간 출생아 수 ● 합계 출산율

1.300 (명)

1.250
1.192
1.149
1.226
1.244

49.32
46.59
44.48
47.02
47.13
48.43 (만 명)

2007 2008 2009 2010 2011 2012 (연도)

* 2012년 통계는 잠정 결과임   자료: 통계청(2013)

우리나라 인구가 계속 증가했죠. 그런데 1990년 약 1.6명, 2000년 약 1.5명
으로 계속 떨어지더니 그래프 1-1을 보면 2009년 1.149명으로 최저 합계
출산율을 기록했습니다.

이후 합계 출산율이 조금씩 증가하고는 있지만 1.3명보다 낮게 나타
나면서, 대한민국이 인구 감소로 사라질 최초의 국가가 될 것이라는 전
망도 나왔어요. 2009년 이후 합계 출산율은 조금씩 올라가서 2012년에
는 1.3명이 되었습니다. 과연 이 상승세가 유지될 수 있을까요?

자녀를 낳는 것은 개인적인 선택이지만 사회의 영향을 받기도 합니다.
사회적 관념이나 종교, 가령 낙태에 찬성하느냐 반대하느냐 등에 따라서
자녀 수가 달라집니다. 또한 여성의 사회 진출이 활발한지, 자녀 양육 시
설이 잘 갖추어져 있는지도 매우 중요한 요인이죠.

우리 사회가 출산을 긍정적으로 여기고 자녀 양육을 위한 시설을 잘

아이들이 나와 출산 장려 캠페인을 펼치는 모습입니다. 출산율이 낮아지면서 요즘은 자녀가 1명인 가정이 많이 늘어나고 있습니다.

마련한다면 합계 출산율이 올라갈 수 있을 것입니다. 그래서 정부는 일과 가정의 양립을 외치면서 '보육 제도의 개선' 등 다양한 정책을 통해 여성들에게 아이를 많이 낳아달라고 부탁하고 있는 실정이죠.

출생 성비, 딸과 아들의 균형 맞추기

요즘은 남자아이만 선호하는 부모가 드뭅니다. 사회적으로도 특정한 성에 의미를 부여하지 않죠.

과거에 우리나라는 가문의 전승과 조상의 제례를 강조하는 분위기 때

1-2 출산 순서별 출생 성비						(단위: 여아 100명당 남아 수)
연도	2002	2004	2006	2008	2010	2012
총 출생 성비	110.0	108.2	107.5	106.4	106.9	105.7
첫째 아이	106.5	105.1	105.7	104.9	106.4	105.3
둘째 아이	107.3	106.2	106.0	105.6	105.8	104.9
셋째 아이 이상	141.4	133.0	121.9	116.7	110.9	109.2

자료: 통계청(2013)

문에 남아 선호 사상이 강했습니다. 옛날에는 자녀를 선별하여 출산할 수 없었어요. 태어날 아이가 여자아이인지 남자아이인지 모르니 낙태도 쉽지가 않았죠. 이에 따라 어느 정도 적절한 성비가 유지되었습니다.

그런데 태아의 성별 감별이 가능해지면서 남자아이가 훨씬 많이 태어나기 시작했습니다. 이런 상황에서 자연 상태의 출생 성비가 깨지고 말았죠. 물론 태아를 성별에 따라 선택하는 일은 불법이었습니다.

그렇다면 자연 상태의 출생 성비는 어느 정도일까요? 출생 성비는 해당 연도에 태어난 여자아이를 100으로 두고 남자아이 수를 파악한 것입니다. 원래 자연 상태의 출생 성비는 100 : 103~107입니다. 여자아이보다 남자아이가 좀더 많이 태어난다는 의미죠. 또한 여아 100명이 태어날 때 남아가 107명 이상 태어나면 선택적으로 출산한 경우가 많다는 뜻도 됩니다.

1990년대까지만 해도 110을 훌쩍 넘었던 우리나라의 출생 성비는 표 1-2에서 보듯 2002년에 110으로 줄었고, 2008년부터 정상 범주에 들어

와 105가 조금 넘습니다.

그리고 여기서 셋째 아이 이상의 성비를 주의 깊게 보세요. "둘만 낳아 잘 키우자"라는 구호 덕분인지 첫째와 둘째의 성비는 2002년부터 거의 정상입니다. 하지만 셋째 아이의 성비는 2002년 141.4, 2004년에는 133.0입니다. 이것은 남자아이를 선호하여 선택적으로 출산한 건 아닌지 의심이 드는 수치죠.

그런데 2012년을 보면 셋째 이상의 성비가 109에 도달하며 자연 상태에 그나마 가까워졌습니다. 10년 만의 변화치고는 정말 놀랍지 않나요? 요즘 '딸 바보'인 부모가 많다는데, 그 사람들이 이런 결과에 일조를 했을 것 같습니다.

기대 수명, 출생과 죽음 사이의 거리

개인이 태어나서 죽을 때까지 삶을 누리는 시간인 수명은 인류의 역사가 시작된 이래 지속적으로 늘어났습니다. 일반적으로 수명은 '기대 수명'*과 '기대 여명'*으로 측정합니다. 기대 수명은 해당 연도에 태어난 아이가 얼마나 살 것인지 평균한 수치고, 기대 여명은 해당 연도에 일정한 연령에 도달한 사람들이 평균적으로 얼마나 더 살 수 있는지 알려주는 수치죠.

통계청은 매해 기대 수명과 기대 여명을 공개합니다. 기대 수명을 살펴보면 1990년에 태어난 아이는 71.3세, 2000년에 태어난 아이는 76.0세, 2010년에 태어난 아이는 80.8세를 살 것으로 예측되었습니다. 10년 단위로 약 5년씩 기대 수명이 늘어나고 있네요. 이 추세가 유지되면 지금으로부터 10년 뒤쯤 태어나는 아이는 평균 90세 정도의 기대 수명을 가질 수 있겠죠.

그럼 여기서 문제를 하나 내겠습니다. 나의 기대 여명에 내 나이를 더하면, 내가 태어난 해에 발표된 기대 수명보다 더 길까요, 더 짧을까요? 정답은 '더 길다'입니다.

이유는 단순합니다. 나와 같은 해에 태어난 사람들 가운데 이미 사망한 사람들은 평균 기대 수명보다 적게 살았습니다. 그러니 생존해 있는 사람들의 나이에 기대 여명을 더한 값은 그 사람이 태어날 당시에 예측되었던 기대 수명보다 더 긴 게 당연하죠.

1990년 발표된 기대 수명과 2010년 20세 남자의 기대 여명에 나이를

1-3 기대 수명의 추이				(단위: 세)
연도	전체	여성	남성	차이 (여성-남성)
1990	71.3	75.5	67.3	8.2
2000	76.0	79.6	72.3	7.3
2005	78.6	81.9	75.1	6.8
2010	80.8	84.1	77.2	6.9
2012	81.4	84.6	77.9	6.7

자료: 통계청, 「생명표」(각 연도)

더한 값을 비교해 보면 차이를 정확하게 알 수 있습니다. 기대 수명의 추이를 나타낸 표 1-3을 보면 1990년에 발표된 남자의 기대 수명은 67.3세입니다.

그런데 1990년에 태어나 2010년 현재에 살고 있는 남자의 기대 여명은 57.8년입니다. 여기에 2010년 현재 나이 20세를 더한 값은 77.8이네요. 그 값, 즉 2010년 현재에 살고 있는 남자의 수명이 1990년 기대 수명보다 약 10년 증가했다는 사실을 알 수 있습니다. 기대 여명에 대한 표는 인터넷에서 쉽게 구할 수 있으니 자신의 수명을 스스로 계산해 보세요.

나이가 들수록 기대 여명은 줄어들지만 개인적으로 수명은 더 늘어납니다. 이는 기대 여명에 자신의 연령을 더한 값이 자신의 출생년도에 예상된 기대 수명보다 점점 더 높아진다는 이야기입니다. 실제로 2010년 40세 남자의 기대 여명은 38.6년, 40세 여자는 45.1년, 60세 남자는 21.1년, 60세 여자 26.2년으로 나타났습니다.

한국인의 기대 수명

통계청이 발표한 〈2012년 생명표〉에 따르면 한국인의 평균 기대 수명은 81.4세라고 합니다. 10년 전보다 4.4세가 늘어난 수치로, 정말 '100세 시대'라는 말을 실감하게 됩니다. 성별로 살펴보면 여성은 84.6세로 남성보다 6.7세나 오래 살게 된다고 하네요.

그런데 이 기대 수명 중에서 남성은 약 13년을, 여성은 약 18년을 아픈 상태로 보내게 될 거라는 전망도 있습니다. 또 자살로 인한 사망률은 여전히 세계 최고 수준이라는 결과도 있군요.

오래 사는 것도 좋지만 무엇보다 몸과 마음이 건강하게 사는 것이 더욱 중요하겠지요.

조사망률, 얼마나 많은 사람들이 세상을 떠났나

이제부터는 죽음에 관한 통계, 사망률을 살펴봅시다. 죽음을 표현하는 말은 매우 다양합니다. 그중에서도 우리는 '세상을 떠났다' 또는 '돌아가셨다'라는 표현을 많이 씁니다. 죽음을 시적이면서도, 마치 죽은 자의 능동적 선택인 것처럼 이야기하는 거죠. 그리고 이 말에는 죽은 자를 공경하는 마음도 담겨 있습니다.

남겨진 사람들에게 지인의 죽음은 무척 슬픈 일이지만, 사회를 유지하는 측면에서는 출생만큼 사망도 중요합니다. 만약 모든 사람이 영원히 살아가는 세상이 온다면 사회가 제대로 유지될까요? 아마 큰 혼란이 일어날지도 모릅니다. 이 사실을 알면서도 누구나 더 오래 살고 싶어 하고,

1-4 사망자 수와 조사망률

	2002	2003	2004	2005	2006	2007	2008	2009	2010	2011	2012*
사망자 수 (1,000 명)	245.3	244.5	244.2	243.9	242.3	244.9	246.1	246.9	255.4	257.4	267.3
전년 대비 (%) 증감	3.8	-0.8	-0.3	-0.3	-1.6	2.6	1.2	0.8	8.5	2.0	9.9
증감률	1.6	-0.3	-0.1	-0.1	-0.7	1.1	0.5	0.3	3.4	0.8	3.8
조사망률(‰)	5.1	5.1	5.0	5.0	5.0	5.0	5.0	5.0	5.1	5.1	5.3
1일 평균 사망자 수(명)	672	670	667	668	664	671	672	677	700	705	730
사망 발생 시간 간격	2분 9초	2분 9초	2분 9초	2분 9초	2분 10초	2분 9초	2분 8초	2분 8초	2분 3초	2분 3초	1분 58초

* 2012년 통계는 잠정 결과임   자료: 통계청(2013)

할 수 있다면 죽음을 피하고 싶어 합니다.

일반적으로 사망률은 인구 1,000명에 대한 연간 사망자 수로 나타내는데, 이를 조사망률이라고 합니다. 그런데 표 1-4에서 2002년부터 2012년까지 통계 자료를 보면 조사망률은 5정도로 일정합니다. 사망자 수와 함께 전체 인구도 계속 증가하고 있기 때문이죠. 더군다나 사망 발생 시간 간격도 2분 내외로 일정합니다.

위의 표를 보면서 걱정되는 점이 있습니다. 2012년 들어 조사망률이 5.3으로 증가하고, 사망 발생 간격이 1분 58초로 줄어들었어요. 통계청 자료만으로는 그 이유를 정확히 알기 어렵지만, 최근에 부쩍 자주 보도되는 '자살' 때문은 아닌지 우려됩니다.

우리의 기대 여명은 점점 늘어나고 있습니다. 통계적으로 따지면, 내가 기대 수명 이상 사는 것은 나와 같은 시기에 태어나서 먼저 세상을 떠난 사람들의 남은 생만큼 더 살아가는 셈입니다. 이렇게 생각하니 더 잘 살아야겠다는 생각이 들지 않나요?

지금까지 숫자로 사람의 일생을 살펴봤습니다. 이처럼 사람의 일생을 숫자로 표현하면 '나'는 소수점 이하 몇 자리를 포함한 아주 작은 숫자 속에 있을 뿐이죠. 사회적으로 매우 미미한 존재처럼 여겨지기도 합니다. 그러나 각자의 입장에서 보면 출생 관련 숫자와 사망 관련 숫자 사이의 긴 거리는 개인의 생활이며 역사로 채워져 있습니다.

점점 더 늘어나는 기대 여명과 기대 수명으로 인해 곧 출생에서 사망 사이의 거리가 100여 년 가까이 되는 세상에서 살아가게 될 것입니다. 이 거리를 생각하면 지금 이 순간은 아주 작은 지점에 불과합니다. 그러니 일생을 길게 보고, 무엇을 하면서 나만의 역사를 만들 것인지 생각해 봤으면 좋겠습니다. 나의 일생이 대한민국의 역사를 만드니까요.

◆ **기대 수명** 그해 태어난 아기가 생존할 것으로 기대되는 평균 수명.

◆ **기대 여명** 일정 연령에 도달한 사람이 그 이후 몇 년 동안이나 더 생존할 수 있는지를 계산한 평균 생존 가능 연수.

02

2700년
대한민국이 사라진다

키워드 저출산 문제, 인구 감소, 코리안 신드롬

'가지 많은 나무에 바람 잘 날 없다'라는 속담은 자식이 많아서 집안이 조용할 날이 없다는 말이다. 그런데 요즘 한 자녀 가정, 무자녀 가정이 급속히 늘면서 아이의 울음소리를 듣기 힘든 마을이 늘고 있다. 이러한 현상은 왜 나타나는지 출산율과 그에 따른 사회 현상을 살펴보자.

줄어드는 출산율, 늘어나는 인구

'코리안 신드롬'에 대해 들어본 적이 있나요? 저출산으로 우리나라의 인구가 점점 감소하다가 지구상 최초로 사라지는 나라가 될 것이라며 영국 옥스퍼드 대학교 연구소에서 내놓은 말입니다. 저출산으로 국가가 소멸될 거라니 너무나 섬뜩한 미래 예측이죠.

그렇다면 그 시기는 언제쯤일까요? 『유엔미래보고서』에 따르면 2300년 경에 우리나라는 5만 명만 남은 초미니 국가가 되고 2700년경에는 인구가 소멸해 완전히 사라질 거라고 합니다. 너무 먼 미래의 이야기라고요?

그런데 최근 통계 조사 결과들을 보면 2030년경부터 인구가 감소한다고 하니, 그리 먼 일도 아닌 것 같습니다.

1960년대 우리나라의 합계 출산율은 무려 6명 정도였고, 1980년대 초반에만 해도 2.5명 정도였어요. 기대 수명이 점점 길어지는 데다 합계 출산율도 2.1명 이상이었기 때문에 인구는 계속해서 늘어났죠.

그때는 왜 그렇게 아이를 많이 낳았냐고요? 농경사회의 특징이 두드러졌던 1970년대까지만 해도 자녀를 일꾼이나 재산으로 여겼기 때문입니다. 여기에 남아 선호 사상이 더해져 아들을 낳을 때까지 자녀를 계속해서 낳는 경우도 많았습니다. 당시 '잘 키운 딸 하나, 열 아들 안 부럽다'는 표어는 이렇게 넘쳐나는 인구수를 줄이기 위한 산아제한정책의 일환이었죠.

앞에서 살펴보았듯 현재 우리나라의 합계 출산율은 1.1~1.3명 내외입니다. 그러나 기대 수명이 지속적으로 늘고 있어, 아직은 우리나라 인구가 줄어들지 않았습니다. 아마도 2030년까지는 계속 증가할 거예요. 그 이유가 궁금하죠?

자, 그럼 이제 셈을 해봅시다. 우선 기대 수명이 늘어나면 인구수에서 빼야 할 수치가 줄어들겠죠? 현재 합계 출산율이 아주 낮은데도 인구가 계속 증가하는 이유는 낮은 출산율보다 기대 수명의 영향력이 더 크기 때문이라고 할 수 있어요.

참, 인구수에 영향을 미치는 변수는 또 있습니다. 우리나라가 다문화 사회로 변화하면서 외국에서 이주해 오는 사람이 늘어나고 있어요. 이들이 인구의 감소폭을 줄여주는 역할을 하지요.

세계적인 문제가 된 출산율 저하

출산율이 떨어지는 현상은 비단 우리나라에서만 나타나는 문제가 아닙니다. 이미 여러 나라에서도 낮은 출산율이 사회 문제로 인식된 지 오래예요. 2011년 미국중앙정보국(CIA)이 조사한 자료에 따르면, 출산율이 가장 낮은 국가 1~4위가 모두 아시아에 있는 나라였습니다. 싱가포르가 0.79명으로 가장 낮았고 마카오와 대만, 홍콩이 그 뒤를 이었습니다.

유럽의 국가들도 상황은 크게 다르지 않습니다. 개인주의 성향이 강하고 결혼보다 동거를 선호하는 분위기로 인해 출산율이 떨어지는 것은 당연합니다.

이러한 문제를 해결하기 위해서 각 나라들은 강력한 정책을 내놓고 있습니다. 얼마 전 중국 지방정부들이 잇따라 산아제한정책을 완화했고, 일본에서는 불임 치료를 위한 휴가를 마련하기도 했습니다.

왜 아이를 낳지 않을까

2030년부터 인구가 줄어들 것이라는 예측은 그만큼 출산율이 심각하게 낮아지고 있음을 의미합니다. 그렇다면 사람들이 아이를 낳지 않는 이유는 무엇일까요?

아이를 낳는 것은 부부 개인의 선택 같지만, 사실은 그렇지 않습니다. 아이를 낳느냐 마느냐 하는 결정에는 그 사회의 환경이 큰 영향을 미치죠. 우리 사회의 결혼 연령이 높아지면서 아이를 낳는 여성의 연령도 점점 증가했습니다.

함께 그래프 2-1를 볼까요? 1980년대 평균 출산 연령이 27세인 데 비해, 2010년에 들어서는 31세로 나타났습니다. 게다가 요즘은 결혼을 아

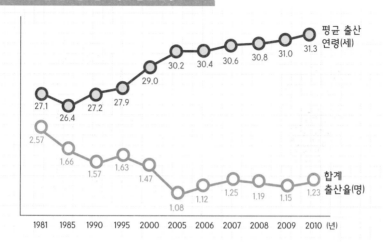

2-1 연도별 합계 출산율과 평균 출산 연령의 추이

평균 출산
연령(세)

31.3
31.0
30.8
30.6
30.4
30.2
29.0
27.9
27.2
27.1
26.4

2.57

1.66
1.63
1.57

1.47

합계
출산율(명)
1.25
1.19
1.23
1.12
1.15
1.08

1981 1985 1990 1995 2000 2005 2006 2007 2008 2009 2010 (년)

자료: 통계청(2011)

예 하지 않거나 딩크(DINK)*족으로 살면서 자녀 없이 살겠다는 사람들도 많아졌죠.

이처럼 출산을 꺼리는 배경에는 양육비가 만만치 않게 든다는 점이 크게 작용합니다. 최근 한국보건사회연구원에서는 자녀 1명을 대학까지 졸업시키는 데에 들어가는 비용이 2억 6,000만 원이라고 발표했습니다. 또 한국노동연구원에서는 여기에 자녀를 낳고 키우느라 포기한 시간과 노동력 등의 기회비용까지 환산해, 자녀 1명을 18세까지 키우는 데 맞벌이 가구는 4억 원, 외벌이 가구는 4억 5,000만 원이 든다고 발표했습니다. 외벌이 가구의 비용이 더 큰 까닭은 아이를 키우느라 맞벌이를 포기한 기회비용이 작용했기 때문입니다.

우리나라에서는 많은 여성들이 취업을 했다가도 결혼 후 아이가 태어

날 때쯤에는 퇴직을 하는 경우가 많습니다. 아이를 낳은 여성에게 공공
연히 그만둘 것을 권하는 회사도 있고 아이를 맡길 곳이 없어 울며 겨
자 먹기로 일을 그만두는 사람도 있죠. 이처럼 아이를 낳고 기르는 데에
너무 많은 비용이 들고 출산 후 일을 계속하기도 어려우니 아이를 적게
낳으려고 하는 것은 당연합니다.

　정부에서는 출산 장려금을 지원하거나 보육 시설을 늘리는 등으로 힘
을 쓰고 있지만, 출산율을 끌어올리기란 쉽지 않아 보입니다.

아이가 적게 태어나는 것은 정말 문제일까

'지금 우리나라는 인구밀도도 높고 실업자도 많고 환경오염도 문제이니, 인구가 조금 줄어도 되지 않을까' 하고 생각하는 사람이 있나요?

그런데 출산율이 감소하면 단순히 인구가 줄어드는 것에 그치지 않고 연령별 인구 구성 비율이 달라진다는 문제가 생깁니다. 이 문제는 바로 경제와 직결되기 때문에 매우 중요합니다.

연령별 인구 구성은 만 나이를 기준으로 크게 세 집단으로 나뉩니다. 14세

저출산 문제 해결을 위해 보건복지부와 기업이 실시한 한 캠페인에서 어린이들이 대형 한반도 모습의 지도 위에서 손을 들어 인사하고 있습니다.

미만 인구를 유소년 인구, 15~64세 인구를 생산 가능 인구*, 65세 이상 인구를 고령 인구라고 합니다.

이중에서도 생산 가능 인구는 한 사회의 경제 활동에 가장 활발하게 참여하죠. 이들이 생산 활동을 한 결과로 유소년 인구와 고령 인구가 부양을 받을 수 있습니다.

그런데 출산율이 감소하는 초기에는 유소년 인구만 줄어들지만, 더 멀리 생각해 보면 점차 생산 가능 인구가 줄어드는 셈입니다. 또한 기대 수명이 연장되니 고령 인구는 더 늘어나 결국 생산 가능 인구의 부

담이 증가합니다. 출산율이 감소할수록 부양비*가 지속적으로 늘어나는 거죠.

결국 출산율 감소로 인해 국가적으로는 경제성장의 동력이 되는 인구가 부족해지고 개인적으로는 우리가 노인이 되었을 때 복지를 뒷받침해 줄 경제적 토대가 약해지는 결과를 낳습니다.

이런 현상은 도미노처럼 연결되어 있어서, 부양책임을 진 젊은 사람들이 아이를 낳고 기르는 일에 부담을 느껴 출산율이 더욱 줄어드는 악순환을 만들어냅니다. 바로 이러한 시나리오를 바탕으로 얼마든지 코리안 신드롬이 일어날 수 있는 거죠.

인구 변화와 우리나라의 미래

정말 인구가 부족해 우리나라가 사라지게 될까요? 우리의 기대 수명이 아무리 늘어난다 해도 2700년에 그 일이 실현될지 확인할 길은 전혀 없군요.

대신 많은 전문가들이 인구와 이를 둘러싼 문제를 예측합니다. 인구 예측은 현재의 인구 동향을 토대로, 그 추이를 고려해 이루어집니다. 바로 '지금'과 '추이'라는 것 때문에 인구 예측이 문제가 됩니다.

통계청이 2005년의 자료를 기준으로 조사한 결과에 따르면, 우리나라에서 인구가 최고점이 되는 해는 2018년이었습니다. 그런데 2010년 인구주택총조사*를 기준으로 다시 발표한 자료에는 2030년으로 변경돼

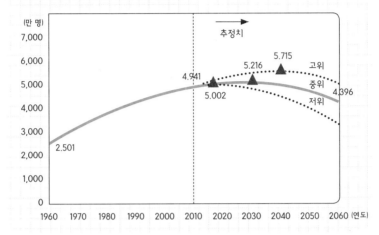

2-2 우리나라의 미래 인구에 대한 추정치*

(만 명)

7,000

6,000

5.715

5,000 4.941   5.216

5.002

4,000

4.396

3,000

2,000 2.501

1,000

0

1960 1970 1980 1990 2000 2010 2020 2030 2040 2050 2060 (연도)

추정치

고위

중위

저위

* 2020~2060년까지는 현재의 인구 관련 통계로 추정한 것이다. 중위는 현재의 보통 상태를 기본으로 한 것이고 고위는 높은 수준, 저위는 낮은 수준을 고려해 추정했다

자료: 통계청(2012)

있었죠. 언론은 5년 만에 내놓은 인구 예측 결과가 이렇게 차이가 클 수 있냐며 분노했습니다.

이 예측이 달라지면 국가의 연금 계획 등 다양한 분야의 정책이 달라지기 때문입니다.

우리는 2012년 통계청의 자료로 미래 인구수가 얼마나 될지 2-2 그래프를 통해 살펴봅시다. 2010년 기준 연도 이후의 그래프가 저위, 중위, 고위로 제시되어 있습니다. 2030년 이후에 인구가 줄어든다는 시나리오는 중위 그래프를 바탕으로 나온 것이군요.

그런데 왜 이렇게 다양한 가능성을 열어둔 것일까요? 앞에서 본 합계 출산율의 추이를 보면, 지속적으로 감소하거나 증가하지 않고 올라갔다 내려갔다 하면서 변화합니다. 호황인지 불경기인지, 재난이나 질병이 사회를 휩쓸었는지, 황금 돼지해가 되었다든지 하는 다양한 요인이 출산율에 영향을 미치기 때문입니다.

그리고 이주민에 의한 인구 변화도 그 폭이 일정하지 않습니다. 결국 지금의 추이로 인구를 정밀하게 예측하는 것이 매우 어려울 정도로 사회변동이 급격하기 때문에 나타난 결과들입니다.

누군가는 이렇게 말했습니다. 예전에 집집마다 아이 둘을 낳으면 사람이 살 땅이 없어진다고 했는데, 실제로 그렇지 않으니 인구가 감소할 거라는 예측도 빗나갈지 모른다고요. 2300년에 5만 명만 대한민국에 살게 될 것이라는 예측 또한 딱 들어맞지 않을 가능성이 큽니다. 원래 사회라는 곳이 의도하지 않은, 혹은 예상치 못한 결과가 늘 나타나는 곳이니까요.

◆ 딩크(DINK) 'Double Income No Kids'의 약어. 자녀로 인한 경제적 부담을 피하기 위해 의도적으로 자녀를 두지 않는 맞벌이 부부를 지칭한다.

◆ 생산 가능 인구 법적으로 노동이 가능한 15세부터 대부분의 사람들이 퇴직하는 64세를 기준으로 한다.

◆ 부양비 부양하는 데 드는 경비. 생산 가능 인구를 분모로 하고, 유소년 인구와 고령 인구를 합한 것을 분자로 하여 계산한다.

◆ 인구주택총조사 한 나라의 인구와 주택의 총수는 물론, 개별 특성까지 파악하여 각종 경제·사회 발전 계획의 수립과 평가, 각종 학술 연구, 민간 부문의 경영 계획에 활용하기 위해 실시하는 통계 조사. 연도의 끝자리 숫자가 0, 5가 되는 해마다 실시한다.

현대인에게
가족이란 무엇일까

키워드 1인 가구, 핵가족, 확대가족

크고 작은 일이 생길 때마다 가장 먼저 함께 나누고픈 이들, 바로 가족이다. 최근 물질주의의 심화와 더불어 이혼율이 증가하고 노인 부양을 기피하는 현상 등으로 인해 가족 해체의 위기를 걱정하는 목소리가 높아지고 있다. 그럴수록 사회의 뿌리를 지탱하는 가족의 사랑이 더욱 소중해진다. 가족과 관련한 여러 자료를 통해 변화하는 우리 사회의 가족 형태를 살펴보며 가족의 의미에 대해 생각해 보자.

화재 사고에서 발견한 가족의 의미

낮 동안 학교와 회사에서 각자 활동하던 사람들은 저녁이면 가족들이 있는 집으로 돌아가 편안히 휴식을 취합니다. 이처럼 우리 마음의 안식처가 되어주는 사람들이 바로 '가족'입니다. 먼저 가족과 관련된 한 가지 재미있는 연구를 소개할게요.

약 30여 년 전, 영국의 한 대형 리조트에서 큰 화재가 일어나 많은 사람들이 사망했습니다. 이 사건을 계기로 리조트 화재 사고에 대한 대응 매뉴얼을 만들기 위해 연구 팀이 꾸려졌죠. 연구자들은 CCTV 자료를 확보해 불이 나기 직전부터 화재 후까지 사람들의 행동 양상이나 동선을 주의 깊게 살펴보았습니다. 그런데 자료를 관찰하던 이들은 연구 목적과는 관계가 없지만 아주 특이한 사실을 발견했어요.

불이 나기 전 가족 단위의 여행객들은 그다지 즐거운 표정도 짓지 않고 서로 떨어져 노는 반면, 친구들과 함께 온 사람들은 매우 친밀한 행동을 보이면서 내내 웃는 표정이었습니다.

그런데 화재 경보가 울리자마자 상황은 극적으로 뒤바뀝니다. 흩어져 있던 사람들이 저마다 자신의 가족을 찾아 일사불란하게 움직이며 재빠르게 현장을 벗어났습니다. 이와 대조적으로 친구들과 온 여행객 대부분은 같이 놀던 일행과 뿔뿔이 흩어져 우왕좌왕 헤매는 모습을 보였고요. 연구 팀은 사람들의 이런 행동 양상에 대해 '가족의 사랑과 단결력은 평상시에는 드러나지 않다가 위기 상황에서 그 진가를 발휘한다'고 결론 내렸습니다.

이러한 연구 결과는 현재에도 유효할까요? 오늘날 우리에게 가족은 어떤 의미일까요?

핵가족과 확대가족, 그리고 +α

가족에 대해 사람들은 저마다 다른 정의를 내립니다. 『대지』의 작가 펄 벅은 "가정은 나의 대지다. 나는 거기서 나의 정신적인 영양분을 섭취하고 있다"라고 규정했습니다. 한편 일본의 한 유명 영화감독은 인터뷰에서 "가족이란 누가 보지만 않는다면 어디다 내다 버리고 싶은 존재다"라고 말하기도 했죠. 사회학자는 이런 감정적 요소보다는 가족의 성립과 사회적 역할에 주목합니다. 그럼 가족에 대한 사회학자들의 건조한 분석을 살펴볼까요?

가족은 사회의 가장 기초가 되는 집단입니다. 사회집단이 되려면 일단 구성원이 2인 이상이어야 하죠. 그러므로 혼자 사는 사람에게는 사회집단의 의미를 부여한 가족이라는 명칭 대신, 단순히 물리적인 집을 의미하는 가구라는 표현을 사용해 '1인 가구'라고 칭합니다. 최근엔 점점 다양해지는 가족의 유형을 고려해 1인 가구도 가족의 형태로 인정해야 한다는 목소리가 높아지고 있어요. 하지만 사회학의 전통적 개념으로는 1인 가구를 가족으로 보기 어려운 측면이 있습니다.

가족의 사전적 정의는 '결혼·출산·입양 등으로 맺어져 같은 공간에서 단일 가구를 이루어 생활하는 사람들의 모임'입니다. 미국의 인류학자인 머독(George P. Murdock)은 산업화 사회에서의 가족 현상을 설명하기 위해 가족의 유형을 핵가족과 확대가족의 두 가지 개념으로 구분했습니다.

핵가족은 '부부와 미혼 자녀로 이루어진 가족(자녀가 없는 부부나 한부모 가족 포함)'을 뜻합니다. 확대가족은 '부부와 미혼 자녀 이외의 직계존속과 같이 사는 가족'을 가리키죠. 이는 2세대의 핵가족이 결합된 형태 또는 2세대 이상의 기혼자로 이루어진 가족으로도 볼 수 있습니다.

한 가지 유념해야 할 것은 핵가족과 확대가족의 개념만으로 오늘날 모든 가족의 형태를 설명할 수 없다는 거예요. 그 이유는 지식사회로 접어들면서 사회변동으로 인해 가족의 의미와 삶의 방식 또한 많이 달라졌기 때문이에요.

핵가족과 확대가족, 이 둘은 농경사회에 적합했던 가족 유형과 다양한 직업의 분화가 일어나는 산업사회에 적합한 가족 유형을 대조해 설명하기 위한 개념으로 이해해야 합니다.

최근엔 가족의 유형을 좀더 세분화해 살펴보는 경향이 많아졌고, 우리나라에서도 일반적으로 1인 가구나 부부 가구 등 '가구'를 중심으로 한 통계 구성을 활용합니다.

통계청에서 제시하는 3-1 〈가구 유형별 가구〉 그래프에 따르면, 2010년 우리나라에서 가장 많은 비중을 차지하는 가구 유형은 '부부+자녀'의 구성으로 전체의 37.0%를 차지했습니다. 그다음으로 '1인 가구'가 23.9%, '부부 가구'가 15.4%로 조사됐습니다. '부부' '부부+자녀' '부+자녀' '모+자녀'의 비율을 모두 합하면 62.1%인데, 이것이 우리나라의 대략적인 핵가족 비율이라고 보면 됩니다.

확대가족의 비율도 한번 살펴볼까요? '부부+양친(한부모)'을 기본으로 하여 '기타'에 포함된 '3세대' '4세대 이상'의 비율을 모두 더한다 해도 확대가족의 비율은 10% 전후에 그칠 것임을 짐작할 수 있습니다.

이번엔 2035년의 예측 결과를 보도록 하죠. 이때가 되면 확대가족은 감소하고 1인 가구는 더 증가할 것으로 예상됩니다. 이때는 1인 가구가 34.8%에 달해 가장 많은 가구 유형을 차지합니다. 그다음은 '부부 가구'가 22.7%, '부부+자녀 가구'가 20.3%를 나타내 그 뒤를 잇습니다.

이처럼 1인 가구는 지속적으로 증가해, 사회학자들이 인류의 원초적

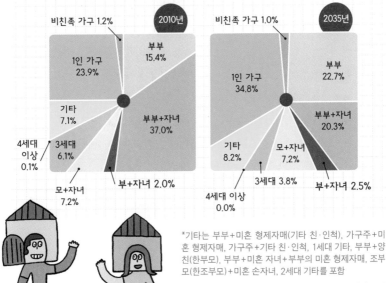

3-1 가구 유형별 가구(2010년과 2035년 비교)

비친족 가구 1.2%　2010년
부부 15.4%
1인 가구 23.9%
기타 7.1%
부부+자녀 37.0%
4세대 이상 0.1%
3세대 6.1%
모+자녀 7.2%
부+자녀 2.0%

비친족 가구 1.0%　2035년
부부 22.7%
1인 가구 34.8%
부부+자녀 20.3%
기타 8.2%
모+자녀 7.2%
3세대 3.8%
4세대 이상 0.0%
부+자녀 2.5%

*기타는 부부+미혼 형제자매(기타 친·인척), 가구주+미혼 형제자매, 가구주+기타 친·인척, 1세대 기타, 부부+양친(한부모), 부부+미혼 자녀+부부의 미혼 형제자매, 조부모(한조부모)+미혼 손자녀, 2세대 기타를 포함

자료 : 통계청(2011)

이고 중요한 가족 유형으로 본 핵가족의 비율마저 위협하고 있어요. 이 표에서도 앞으로 우리 사회에서 핵가족과 확대가족이라는 이분법적 논의로 가족을 규정하기 어려워질 것임을 재확인할 수 있죠.

우리도 가족이다, 가족의 새 이름

최근 가족의 유형과 그 모습이 다양해지면서 이 같은 사회 현상을 반영한 신조어도 생겨나고 있습니다. 그중에서도 아이를 낳지 않고 살아가는 부부로 '핑크(PINK)족' '딩펫(DINKpet)족' '싱크(SINK)족' 등이 있습니다. 핑크족은 'Poor Income, No Kids'의 줄임말로, 경제적인 문제로 아이를 갖지 않는 부부를 가리킵니다. 딩펫족은 애완동물을 자식 삼아 기르는 맞벌이 부부를 뜻하죠. 또 'Single Income No Kids'를 의미하는 싱크족은 남편이 생계를 책임지고 아내가 가사를 돌보는 전통적인 가정 형태를 유지하면서도 아이를 갖지 않는 부부 유형입니다.

중국에서도 딩크족을 의미하는 딩커주(丁克族)가 급속히 늘고 있다고 해요. 다만 이들은 사회지도층의 자녀들이나 전문직 종사자들이라는 점에서 우리와는 조금 다른 모습을 보인다고 합니다.

점점 더 늘어나는 1인 가구

서유럽의 경우 3가구 중 1가구가 1인 가구일 정도로, 그 비율이 높습니다. 우리의 통계를 보더라도 사정은 비슷해요. 1인 가구가 증가하는 이유는 다양합니다. 학업이나 취업을 위해 가족과 떨어져 사는 사람이 늘어났죠. 이혼율도 증가하는 데다 남녀의 수명 차이로 인해 노년에 배우자와 사별하고 홀로 사는 노인 가구가 많아진 것도 원인으로 꼽을 수 있어요. 또 최근의 경제적 어려움과 실업 위기, 비정규직 일자리 문제들로 젊은 세대가 결혼을 포기하는 경향 등 이 모든 것이 직간접적 원인으로 작용하고 있습니다.

우리 사회는 1인 가구가 지속적으로 증가하는 한편 가구원 수는 전반적으로 점점 줄어드는 양상을 보입니다. 전통적인 개념으로 가족을 이해하는 사람들은 1인 가구를 가족의 해체를 이끄는 부정적인 현상으로 간주하죠. 그들의 관점에서 가족은 기본적으로 사회 구성원을 재생산하고 정서적 안정을 제공, 자녀의 양육 및 보호의 기능을 수행해야 하는데, 1인 가구는 그런 역할을 전혀 할 수 없기 때문이에요. 그런 점에서 1인 가구를 가족의 기능과 중요성을 잠식하는 부정적이고 비정상적인 상태라고 여기는 거죠.

그러나 반대 측에서는 1인 가구의 증가를 비롯한 현대 가족 구조의 변화를 사회변동의 산물, 또는 사회구조가 만들어낸 결과로 봅니다. 더불어 이를 가족 해체나 위기의 문제로만 인식할 것이 아니라, 다양해진 가족 현상의 변화를 고려해 가족에 대한 새로운 정책을 마련해야 한다고 봅니다. 이 같은 주장과 같은 맥락에서 가족을 지칭하는 영어 단어인 'the family'를 'families'로 적어야 한다며 가족의 다양성을 인정하자고 강조하기도 하죠.

이혼과 재혼으로 생겨난 새로운 가족 유형

우리의 현실적인 가족 유형을 파악하기 위해서는 사회의 전면에 드러나지 않은 또다른 가족 유형에 대해서도 알아둘 필요가 있습니다. 오늘 우리가 새롭게 관심을 가져야 하는 가족의 형태는 바로 '재혼 가족'입니다.

자녀를 둔 사람들이 이혼한 뒤 재혼하는 경우, 단순히 새로운 배우자를 맞이하는 데 그치지 않고 가족 관계가 재편됩니다. 과거에는 이혼을 하면 배우자 한쪽이 자녀를 책임지고 양육하는 대신 다른 배우자가 자

연도	2001	2005	2010	2011	
					전년 대비 증감(%)
전체 혼인 건수*	318,400	314,300	326,100	329,100	3.0
남(초혼)+여(초혼)(%)	79.4	73.8	78.1	78.6	0.5
남(재혼)+여(초혼)(%)	3.8	4.2	4.3	4.2	-0.1
남(초혼)+여(재혼)(%)	5.6	6.4	5.6	5.7	0.1
남(재혼)+여(재혼)(%)	10.8	14.7	12.0	11.5	-0.5

3-2 혼인 종류별 건수 및 구성비

* 남녀의 초혼·재혼 등의 여부를 알 수 없는 경우를 포함함   자료: 통계청(2012)

녀를 만나지 못하도록 하는 경우가 대부분이었어요.

그러나 요즘은 이혼 후 양육권자가 결정되더라도 자녀가 다른 배우자와 지속적으로 관계를 맺을 수 있도록 만나게 하는 경우가 많습니다. 이혼한 부모를 번갈아 만나는 아이들이 늘어나면서 혈연이나 입양과는 또 다른 가족 관계가 나타납니다. 재혼하면서 각자 이전 결혼에서 낳은 자녀와 함께 사는 부부도 있고, 재혼 후 이전 결혼에서 낳은 자녀와 주말만 함께 보내는 부부도 생기게 되는 거죠.

그렇다면 우리 사회의 전체 결혼 건수 가운데 재혼의 비율은 어느 정도일까요? 위의 3-2 표에 따르면, 연도별 전체 혼인 건수 가운데 재혼이 차지하는 비율은 매해 20%가 좀 넘고, 이 가운데 남녀 모두 재혼인 경우는 10% 이상입니다. 이런 비율을 감안하면 재혼으로 인한 새로운 가족 관계의 변화 또한 무시할 수 없음을 짐작할 수 있습니다.

새로운 가족의 탄생을 어떻게 바라볼 것인가

우리 사회는 전통적으로 가족에 대한 몇 가지 관습을 갖고 있습니다. 부계 중심으로 성(姓)을 잇고 혈연을 중시하는 부계 혈통주의와 함께, 누구나 결혼을 하고 자녀를 낳아 가족을 이뤄야 진정한 어른이 된다고 생각하는 것 등이죠. 이런 관습들 때문에 미혼모와 그 자녀, 재혼 여성과 그 자녀, 입양 자녀, 미혼의 1인 가구 등은 가족 구성에서 주변부적인 존재였고, 사회로부터 문제 상태로 낙인찍히는 경우가 많았습니다.

그러나 호주제가 폐지되고 새로운 가족관계등록부*가 도입되며 부모의 성(姓) 가운데서 한쪽이나 모두를 선택할 수 있게 되면서 우리 사회는 가족의 새로운 변화를 수용하는 모습으로 바뀌어가고 있습니다. 일부에서는 부계 혈족 중심의 가문 승계를 강조하던 우리나라의 가족제도가 유연해지고 있다고 말하기도 합니다.

지금까지 살펴본 새로운 가족의 모습들은 우리 사회가 전형적인 혈연 가족 중심에서 벗어나 점점 다양해지고 세분화되는 가족 형태를 긍정적으로 수용해 가고 있는 것이라고 봐도 될 것 같습니다. 더 나아가 혈연과 무관

동성 결혼을 찬성하는 커플의 모습입니다. 이렇듯 새로운 가족 형태의 등장은 전 세계적인 현상입니다. 프랑스에서는 동성 결혼이 합법화되었고 얼마 전 우리나라에서도 첫 동성 결혼식이 열렸습니다.

하게 친밀성을 기초로 결합한 가족이나, 동성애에 바탕을 둔 가족도 언젠가는 가족으로 인정받을 수 있겠죠.

그리고 이런 변화는 가족의 기능을 사회 구성원의 재생산이나 양육에 국한하지 않고 서로 간의 친밀감과 정서적 유대에 초점을 두어 이해하는 계기로 작동하고 있습니다. 인간소외와 물질주의 그리고 사회적 불안이 잠식하는 위험 사회에서 정서적 혼란을 경험하는 현대인에게, 가정은 더 이상 단순히 자녀를 낳아 핏줄을 이어가는 곳에 그치지 않습니다. 정서적 공감을 나누거나 온전한 쉼과 평안을 누릴 수 있는 곳이어야 하죠.

인류 역사에서 가족의 형태가 변화를 거듭해 온 것처럼 지금의 변화 또한 현대사회의 다양한 요구에 맞게 기능하는 자연스러운 모습일지 모릅니다. 새로운 가족을 이해하기 위해서는 가족을 바라보는 우리의 관점이 달라져야 해요. 이런 변화를 위기로 인식하지 않고 자연스러운 것으로 인정할 때, 비로소 모든 가족이 각자 원하는 모습으로 행복하게 살아갈 수 있을 거예요.

◆ **가족관계등록부** 종전의 호적 제도를 대신하여 2008년 1월 1일부터 시행된 제도. 호적이 혼인·이혼·입양 등의 인적 사항을 모두 드러낸 데 비해 개인별 생년월일과 가족 관계 등을 사용처와 필요에 따라 일부 정보만 표시하여 다섯 가지 서류로 발급한다.

04
결혼은
필수일까, 선택일까

키워드 결혼, 조혼인율, 출산, 국제결혼

'결혼은 해도 후회 안 해도 후회'라는 말이 있다. 그러니 해보고 후회하라는 사람도 있고, 괜히 다른 사람의 말에 떠밀려 결혼을 결정하지 말라는 사람도 있다. 일정한 나이가 되면 당연히 하는 것으로 여겼던 결혼에 대한 요즘 사람들의 생각이 점점 달라지고 있다. 사람들은 결혼을 어떻게 생각하고, 이런 생각의 변화는 왜 일어났는지 같이 살펴보자.

가족을 이루기 위한 필수 조건, 결혼

사회의 가장 기본적인 단위는 행위자인 '개인'이고 그다음은 '가족'입니다. 가족은 사회 구성원을 재생산하는 중요한 기능을 담당하죠. 즉, 가족은 다음 세대를 탄생시켜 우리 사회가 지속 가능하도록 만드는 역할을 합니다. 이 역할을 수행할 가족이 만들어지려면 우선 '결혼'을 한 뒤 출산을 해야 합니다.

누군가는 이렇게 반문할 수도 있겠네요. '결혼하지 않더라도 출산은 가능한데, 꼭 가족을 만들기 위해 결혼을 해야 하나?'라고 말이죠. 물론 맞는 말입니다. 결혼하지 않더라도 아이는 낳을 수 있으니, 결혼을 통해서만 가족을 이루어야 한다는 생각은 고정관념일 수 있죠.

물론 개인의 입장에서 보면 결혼과 출산이 가족을 이루기 위한 필수 조건은 아닙니다. 하지만 사회적 측면에서는 그 사회를 유지하는 데 결혼과 출산을 통한 가족 구성이 매우 중요해요.

그런데 우리나라에서는 결혼을 일생의 중요한 과업으로 여기는 사람들이 점점 줄어들고 있습니다. 결혼과 출산을 어렵게 하는 사회 환경 때문입니다. 본격적으로 우리 사회의 뜨거운 감자, 결혼 이야기를 해볼까요?

한 해 동안 얼마나 결혼하는가

우리나라는 법률혼* 제도를 택하고 있습니다. 법률혼이란 법률에서 규정한 절차에 따라 혼인신고를 한 상태를 말합니다. 즉, 우리나라에서 혼인율을 파악할 때는 법적으로 혼인신고가 된 경우만 따지죠. 사실혼 관계도 법적 보호를 받는 경우가 있지만, 가족이라는 테두리 안에서 법적 보호를 받기 위해서는 법률혼으로 맺어져야 합니다.

일반적으로 혼인율은 조혼인율을 사용합니다. 조혼인율은 인구 1,000명당 혼인 건수를 말합니다. 특정 1년간의 총 혼인 수를 해당 연도의 중앙일인 7월 1일의 인구수로 나눈 뒤에 1,000을 곱해 계산하죠.

표 4-1에서 우리나라의 혼인 건수 및 조혼인율을 보면 2012년 한 해의 혼인 건수는 약 32만 7,100건이고, 조혼인율은 6.5로 2011년에 비해

연도	2001	2003	2004	2005	2006	2007	2008	2009	2010	2011	2012
혼인 건수 (1,000 건)	304.9	302.5	308.6	314.3	330.6	343.6	327.7	309.8	326.1	329.1	327.1
증감 (1,000 건)	-13.5	-2.4	6.1	5.7	16.3	12.9	-15.8	-18.0	16.3	3.0	-2.0
증감률(%)	-4.2	-0.8	2.0	1.8	5.2	3.9	-4.6	-5.5	5.3	0.9	-0.6
조혼인율	6.3	6.3	6.4	6.5	6.8	7.0	6.6	6.2	6.5	6.6	6.5

자료: 통계청(2013)

약간 감소했습니다. 2000년대 조혼인율이 6.0 수준으로 큰 변화가 없기 때문에 결혼이 사회문제로 언급될 정도로 큰 걱정거리가 아니라고 여길 수도 있습니다.

하지만 현재 우리나라의 혼인 건수는 사회문제가 될 만큼 낮은 수준입니다. 지금보다 인구수가 적었던 1980~1990년대의 혼인 건수와 비교하면 쉽게 알 수 있습니다. 그때 한 해 전체 혼인 건수는 40만 건 정도였고, 조혼인율도 9.0~10.0 수준이었죠. 2000년대 들어 혼인율이 3분의 2로 떨어진 셈입니다.

이처럼 조혼인율이 감소한 이유는 고령화로 인해 노인 인구의 비율이 높아진 탓도 있지만, 기본적으로 결혼을 기피하는 젊은이들이 많아졌기 때문입니다.

다들 몇 살에 결혼할까

혼인 건수가 줄어드는 것뿐만 아니라 결혼 연령이 점차 늦어지는 현상도 큰 문제입니다. 20여 년 전 우리 사회에서는 30세가 넘은 남녀를 가리켜 노총각, 노처녀라고 불렀습니다. 요즘은 20대에 결혼하는 사람을 쉽게 찾아볼 수 없는데 말이죠.

표 4-2에서 2012년에 결혼한 사람들 가운데 초혼인 사람들의 평균 연령을 보면 남자는 32.1세, 여자는 29.4세입니다. 불과 한 해 전에 비해 남자는 0.2세, 여자는 0.3세가 상승했죠. 이런 추세대로라면 2015년경에는 여자들의 초혼 평균 연령도 30세가 넘을 듯합니다. 머지않아 30세 즈음에 친구들에게 청첩장을 보내면 "왜 이렇게 일찍 결혼하니?"라는 말을 들을 수도 있겠네요.

성별로 결혼 연령을 좀더 자세히 살펴볼까요? 초혼 평균 연령을 보면 남성은 30대 초반, 여성은 20대 후반에 결혼을 많이 합니다. 그런데 남성의 경우 한 해 전과 비교하여 20대 후반에 결혼하는 사람이 10%p 감소한 반면, 50대 후반과 60대 이상에 결혼하는 비율은 각각 8.6%p, 4.4%p 증가했습니다. 여성의 경우도 비슷합니다. 20대 후반에 결혼하는 여성은 7%p 감소한 반면, 60대 이상의 결혼은 11.7%p나 증가했습니다.

이 통계를 보면 우리 사회의 결혼이 점점 만혼(晩婚, 나이가 들어 늦게 결혼함)으로 가고 있을 뿐 아니라, 아주 늦은 결혼이나 재혼도 많아지고 있다는 사실을 알 수 있습니다. 예전에는 일정 연령에 한정하여 결혼 적령기라는 표현을 사용했는데, 이제는 자신이 결혼하고자 하는 연령을

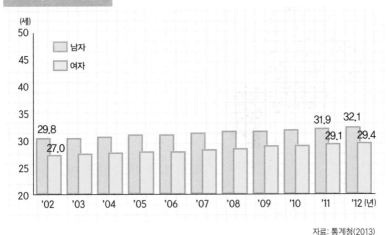

자료: 통계청(2013)

결혼 적령기라고 해도 과언이 아닐 듯합니다.

결혼 연령과 관련해 한 가지 더 주목할 점이 있습니다. 바로 신랑과 신부의 나이 차이죠. '4살 차이는 궁합도 안 본다'는 말을 들어본 적 있나요? 주로 중매결혼을 하던 옛날에는 신랑과 신부가 잘 살 수 있을지 두 사람의 출생 일시에 따라 점을 쳤는데, 남자가 여자보다 4살 연상일 경우에는 궁합을 안 봐도 될 정도로 좋은 배우자감이라고 여겼습니다.

이러한 전통은 최근까지 이어져 왔습니다. 신랑이 신부보다 3~5살 연상인 경우가 대부분이었죠. 초혼 부부 가운데 남자가 연상인 부부는 68.2%, 동갑 부부는 16.2%, 여자가 연상인 부부는 15.6%로 나타났습니다.

가부장제가 지배했던 전통적 가족 관계에서는 남편의 연령이 높아야 주도권을 쥐는 데 유리했습니다.

그런데 요즘은 여자가 연상인 부부가 지속적으로 증가하고 있으며, 모

든 연령층에서 증가 추세가 뚜렷합니다.

여자가 연상인 결혼이 증가하는 현상은 어떻게 바라봐야 할까요?

남성 중심의 가부장적 권위가 떨어진 현상을 보여주는 걸까요? 아니면 어릴 때부터 보호받는 것에 익숙했던 남성들이 결혼해서도 아내에게 보호를 받고 싶어 하기 때문일까요?

그것도 아니면 사회적으로 성공한 여자들이 자신보다 더 어린 남자를 배우자로 택하기 때문일까요?

아직까지 정확한 이유는 알 수 없지만 전통적인 결혼 형태가 무너지고 있다는 점은 확실해 보입니다.

 축의금 때문에 허리가 휜다

한국 갤럽의 조사에 따르면, 만 19세 이상의 우리나라 국민들이 축의금으로 내는 돈은 평균 6만 원이라고 합니다. 《조선일보》와 한국여성정책연구원의 조사에서도 혼주 세대가 평균 6만 8,550원을, 자녀 세대가 6만 3,400원을 낸다고 응답했습니다. 그런데 이들이 한 달에 평균 3~4번 결혼식에 참석한다고 하니, '축의금도 부담이 되는 시대'라는 말이 맞는 듯합니다.

그래서 최근에는 축의금이나 화환 등을 받지 않거나 가족과 친한 친구들만 모여 '작은 결혼식'을 올리는 신랑신부도 많아졌다고 해요.

국제결혼의 양상

한국 사회에서 가장 달라진 결혼 모습은 바로 국제결혼의 증가입니다. 1990년대 중반부터 본격화된 국제결혼은 이제 우리에게 낯설지 않은 풍경입니다.

2005년 이후 국제결혼이 줄어드는 추세지만, 아주 낮은 비율은 아닙니다. 표 4-3을 보면 2012년 한 해 동안 이루어진 외국인과의 혼인은 2만 8,300건으로, 전년 대비 1,500여 건 감소했습니다. 전체 혼인 중 외국인과의 혼인 구성비는 8.7%로 전년보다 0.3%p 정도 감소했는데, 이는 한국 남자와 외국 여자의 혼인이 감소했기 때문입니다. 대신 한국 여자와 외국 남자의 혼인은 7,700건으로 전년보다 200건이 증가했습니다.

그리고 2012년에 이루어진 국제결혼 가운데 한국 남자와 외국 여자의 결혼은 72.8%, 한국 여자와 외국 남자의 결혼은 27.2%를 차지합니다.

4-3 외국인과의 혼인 정도 (단위: 1,000건)

연도	2002	2003	2004	2005	2006	2007	2008	2009	2010	2011	2012	구성비(%)
총 혼인 건수	304.9	302.5	308.6	314.3	330.6	343.6	327.7	309.8	326.1	329.1	327.1	100.0
외국인과의 혼인 건수	15.2	24.8	34.6	42.4	38.8	37.6	36.2	33.3	34.2	29.8	28.3	8.7
한국 남자+ 외국 여자	10.7	18.8	25.1	30.7	29.7	28.6	28.2	25.1	26.3	22.3	20.6	6.3
한국 여자+ 외국 남자	4.5	6.0	9.5	11.6	9.1	9.0	8.0	8.2	8.0	7.5	7.7	2.4

자료: 통계청(2013)

다문화 가정 합동결혼식이 열리는 장면입니다. 2012년 한 해에 이루어진 외국인과의 혼인은 2만 8,000여 건으로 국제결혼은 이제 우리에게 낯설지 않은 풍경입니다.

그런데 왜 국제결혼이 줄어들고 있을까요? 우리 사회에서 일어나는 현상을 고려하면 몇 가지 이유를 발견할 수 있습니다.

첫째, 국제결혼 이후 한국 사회에서 외국인 배우자의 삶이 행복하지 않은 경우가 많기 때문입니다. 아직까지도 우리나라에는 생김새가 다르다는 이유만으로 외국인을 이방인으로 여기는 경향이 남아 있습니다. 결혼을 하고, 귀화를 해도 마찬가지입니다. 그러한 시선이 자녀들에게까지 미치면서 이들은 생활의 불편함을 느낍니다. 그러다 보니 사람들은 국제결혼을 좀더 신중하게 생각하게 되었고, 그 결과 비율이 낮아졌을 가능성이 있습니다.

둘째, 국제결혼에 관한 제도가 정비되어 과거보다 국제결혼이 쉽지 않

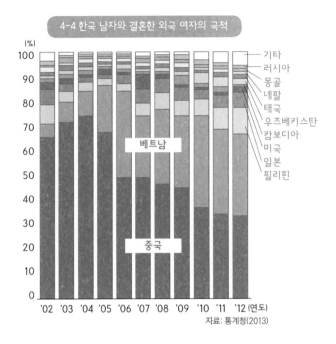

4-4 한국 남자와 결혼한 외국 여자의 국적

(%)

기타
러시아
몽골
네팔
태국
우즈베키스탄
캄보디아
미국
일본
필리핀

베트남

중국

'02 '03 '04 '05 '06 '07 '08 '09 '10 '11 '12 (연도)

자료: 통계청(2013)

기 때문입니다. 결혼으로 이주한 사람들에 대한 차별 문제와 가정 폭력 등이 사회문제가 되면서 여성가족부와 법무부는 불법 국제결혼 회사를 정비하거나 국제결혼 대상자의 교육 의무화 등 다양한 정책을 도입했습니다. 이 정책들은 국제결혼을 어렵게 하기 위함이 아니라, 안정적인 결혼 생활을 유지하게 도와주려는 의도로 시작되었죠.

국제결혼이 이루어진 초기에는 농촌 총각이 10살 정도 어린 외국인 신부와 결혼하는 사례가 많았습니다. 그런데 최근에는 농촌뿐 아니라 도시에서도 국제결혼이 많이 이루어지고, 신랑과 신부의 나이 차이도 과거에 비해 많이 줄었습니다. 외국인 배우자와 재혼하는 경우도 있고요. 또 중국, 일본 등에 한정되었던 배우자의 국적도 점차 다양해지고 있습니다.

4-4 그래프를 보니 여자가 외국인인 경우의 국적은 중국·베트남·필리핀·일본·미국 등이네요. 남자가 외국인인 경우의 국적은 중국·미국·일본·캐나다·오스트레일리아 등입니다. 이처럼 외국인 아내의 국적은 대부분 아시아인데, 외국인 남편의 국적은 아시아뿐 아니라 북미 지역인 경우도 상당히 많습니다.

우리나라 남녀의 결혼 시기를 고려한 신랑과 신부의 미래 인구수를 생각할 때에도 여성 배우자감이 남성보다 적다고 합니다. 그래서 이러한 국제결혼의 양상은 앞으로도 지속될 것으로 전망됩니다.

결혼에 대한 의식의 변화

결혼에 대한 남녀의 인식 차이도 국제결혼이 지속될 수밖에 없는 이유 가운데 하나입니다. 표 4-5는 2년 단위로 시행되는 '결혼에 대한 남녀의 인식 조사' 결과입니다. 이 자료를 보면 2012년의 경우 결혼을 '반드시 해야 한다'와 '하는 것이 좋다'라는 긍정적 답변을 한 비율은 63.0%로 성별로 보면 남자는 69.0%, 여자는 56.6%로 나타났습니다.

안 그래도 결혼 적령기 여성의 비율이 낮은 상황에서 결혼을 해야 한다는 인식마저 낮으니, 결혼 문제는 점점 더 해결이 어려운 사회문제가 되고 있습니다.

또 20대보다 10대가 결혼을 해야 한다고 생각하는 비율이 낮아요. 현재 우리나라 청년들은 취업·결혼·출산을 포기해야 할 만큼 상황이 어려

	계	반드시 해야 한다	하는 것이 좋다	해도 좋고, 하지 않아도 좋다	하지 않는 것이 좋다	하지 말아야 한다	잘 모르겠다
2010년	100	21.7	43.0	30.7	2.8	0.5	1.3
2012년	100	20.6	42.4	33.4	1.5	0.3	1.8
성별 남자	100	23.0	46.0	27.7	1.1	0.2	2.0
성별 여자	100	17.7	38.9	39.4	1.9	0.3	1.8
연령 13~19세	100	12.1	41.3	40.1	1.6	0.2	4.7
연령 20~29세	100	14.9	42.8	38.0	1.6	0.4	2.3

4-5 성별·연령별 결혼에 대한 입장 (단위: %)

자료: 통계청(2012)

위 '삼포 세대'라 불리고 있으니, 결혼을 하고 자녀를 낳아야 한다고 아무리 말해도 따라줄 것 같지 않습니다. 결혼을 부정적으로 바라보는 인식을 바꾸려면 가족을 이루어 자녀를 양육하는 것이 얼마나 행복한 일인지 국가가 보여줘야 합니다. 국가적 비전을 제시해야 하죠.

무엇보다 사회 구성원들이 가족과 아이를 원한다면 그것을 이루고 가질 수 있는 환경을 조성해야 합니다. 천문학적으로 상승하는 결혼 비용과 자녀 양육비를 보고 누가 과연 결혼을 선뜻 결정할 수 있을까요? 매년 치솟는 전셋값을 보며 신혼집을 마련할 엄두나 낼 수 있을까요?

◆ **법률혼주의** 우리나라에서 결혼은 일정한 법률상의 절차에 따른 형식을 갖춤으로써 성립된다는 법률혼주의를 채택하고 있어서 사실혼주의에 반하며, 형식혼주의라고도 불린다. 결혼과 관련한 모든 권리는 법률혼일 경우에 온전히 행사할 수 있다.

05

'검은 머리가
파뿌리 될 때까지'는 옛 말

키워드 조이혼율, 유배우 이혼율, 황혼 이혼

우리나라의 이혼율이 세계 1위라고 한다. 과거에 비해 이혼이 급증하고 있는 추세이긴 하지만 과연 어떤 자료에 근거하여 이렇게 말하는지 궁금할 때가 있다. 게다가 자료마다 순위가 천차만별이라 조사의 객관성이 의심받을 때도 있다. 도대체 이혼에 관한 통계는 어떻게 산출하며, 우리나라는 정말 이혼율 1위인 국가일까?

이혼율은 어떻게 계산할까

우리 사회의 가족 문제를 이야기할 때 사람들은 으레 '이혼'을 꼽습니다. 이혼이 결정적인 원인이 되어 가족이 해체되는 일이 많기 때문입니다. 최근에는 우리나라가 OECD 국가 가운데 세 번째로 이혼율이 높다는 보도가 나오기도 했습니다. 어떤 매체는 과장해서 세계 1위라고 말하기도 했고요.

그런데 이혼율이라는 것도 통계이기 때문에, 어떤 통계를 사용하느냐에 따라 그 결과가 달라질 수밖에 없습니다. 그래서 누구는 이혼율이 세

	2002	2003	2004	2005	2006	2007	2008	2009	2010	2011	2012
총 이혼 건수 (1,000건)	144.9	166.6	138.9	128.0	124.5	124.1	116.5	124.0	116.9	114.3	114.3
증감 (1,000건)	10.3	21.7	-27.7	-10.9	-3.5	-0.5	-7.5	7.5	-7.1	-2.6	0.0
증감률(%)	7.7	15.0	-16.6	-7.8	-2.7	-0.4	-6.1	6.4	-5.8	-2.2	0.0
조이혼율	3.0	3.4	2.9	2.6	2.5	2.5	2.4	2.5	2.3	2.3	2.3
유배우 이혼율	6.3	7.2	6.0	5.5	5.3	5.2	4.9	5.2	4.8	4.7	4.7

자료: 통계청(2013)

계 3위라고 말하고 누구는 세계 7위라고 말하는 경우, 서로 다른 통계 자료를 보고 이야기했을 확률이 높습니다.

가장 일반적인 이혼 통계는 당해 연도의 인구 1,000명당 이혼 건수를 의미하는 조이혼율입니다. 표 5-1을 보면 2012년 한 해 동안 우리나라의 이혼 건수는 11만 4,300여 건, 조이혼율은 2.3으로 1997년 2.0 이후 최저 수준입니다. OECD 자료에서 2007년 우리나라의 조이혼율은 미국 3.6, 체코 3.0, 벨기에 2.8, 에스파냐 2.8, 덴마크 2.6, 스위스 2.6에 이어 7위로 기록되었습니다.

그러나 조이혼율이 한 사회의 이혼율을 정확하게 보여주는 통계가 맞는지에 대해서는 논란이 많습니다. 우선 인구 전체를 대상으로 한다는 점이 문제가 될 수 있습니다. 인구 구성에 따라 이혼율이 달라질 수 있으니까요. 잘 생각해 보세요. 결혼 적령기의 사람이 많은 사회와 유아 인구가 많은 사회의 조이혼율은 차이가 날 수밖에 없죠. 또한 동거하는 커플이 많은 유럽의 국가를 우리나라와 비교하는 것은 문화적 차이를 고려하지 않아서 문제가 됩니다. 결혼하지 않고 헤어진 커플이 많은 문화권에서는 조이혼율이 낮게 계산될 수밖에 없습니다.

이혼에 대한 다른 통계를 볼까요. 종종 결혼한 부부 3쌍 가운데 1쌍이 이혼했다는 뉴스 기사를 본 적 있나요? 정말 그럴까요? 2012년 우리나라에서는 32만 7,100여 쌍이 결혼하고 11만 4,300여 쌍이 이혼했습니다. 이렇게 수치만 단순 비교하면 결혼한 부부 3쌍 가운데 1쌍이 이혼한 것처럼 보이네요.

하지만 이 해석은 옳지 않습니다. 통계적으로 볼 때 한 해 동안 이루어진 결혼과 이혼의 비율이 3:1인 것뿐이죠. 이 비율로 이혼율을 이야기할 때의 문제점은, 전년과 올해의 이혼 건수가 동일해도 그해에 이루어진 결혼의 많고 적음에 따라 이혼율이 올라가거나 내려갈 수 있다는 겁니다. 그래서 이혼 건수가 아주 많아지면 '결혼한 부부 1쌍 가운데 2쌍이 이혼했다'는 이상한 표현도 나올 수 있습니다.

이혼율을 계산하는 또다른 방법은 15세 이상 인구 가운데 배우자가 있는 인구 1,000명당 이혼 건수를 따지는 '유배우 이혼율'입니다. 앞의 표 5-1로 다시 돌아가 봅시다. 2012년 15세 이상 유배우자 1,000명당 이혼 건수는 4.7건입니다. 10년 전인 2002년에는 6.3건이었고요.

하지만 이러한 수치만 보고 단순하게 이혼율이 줄었다고 말하기는 어렵습니다. 결혼을 했지만 혼인신고를 하지 않고 살다가 이혼하는 사람들이 늘어났기 때문이죠. 또한 유배우 이혼율은 여러 번 이혼한 사람의 수치가 포함되지 않아 과소 측정된 통계라는 평가를 받기도 합니다.

66

최근에는 한 해를 기준으로 혼인 경력자의 총 결혼 횟수와 총 이혼 횟수를 산정하여 비교하는 방법도 사용됩니다. 이는 법원 행정처에서 사용하는 통계입니다. 특정 연도 혼인 경력자의 총 혼인 횟수를 분모로 하고, 같은 시점 이혼 경력자의 총 이혼 횟수를 분자로 해 산정한 수치를 백분율로 나타낸 방법입니다. 이를 적용한 2012년의 수치는 9.3%로 나타났는데, 이 수치는 혼인한 11쌍 가운데 1쌍 정도가 이혼한 전력이 있다는 사실을 의미합니다.

하지만 이 통계도 아주 정확하지는 않습니다. 재혼 비율이 이혼 비율에 영향을 미치기 때문이죠.

이처럼 혼인과 이혼 통계는 변수가 많아서 어떤 통계를 활용하더라도 정확한 판단을 내리기가 어렵습니다. 혼인과 이혼은 한 사회의 문화적 현상이지만 남녀 간의 개인적인 일이기도 합니다. 그래서 이를 통계로 내어 국제적으로 비교하는 것이 조금은 우스꽝스럽다는 의견도 있죠.

결혼 이후 이혼을 하는 시기

결혼이 늦어지니 이혼 연령이 높아지는 것은 당연합니다. 2012년 이혼한 사람들의 평균 연령은 남자 45.9세, 여자 42.0세로 남녀 모두 전년 대비 0.5세 상승했습니다. 10년 전과 비교하면 남자는 5.3세, 여자는 4.9세 상승했죠.

일반적으로 이혼까지 이르는 시기를 이야기할 때는 법적으로 혼인신

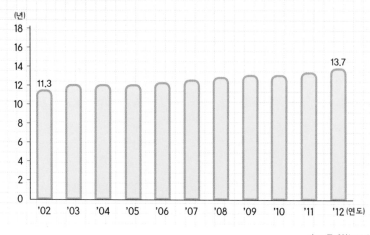

(년)

18
16
14
12   11.3   13.7
10
8
6
4
2
0
   '02 '03 '04 '05 '06 '07 '08 '09 '10 '11 '12 (연도)

자료: 통계청(2013)

고를 한 시점과 관계없이, 실제 결혼 생활을 시작한 시점부터 이혼하기 직전까지의 동거 기간을 계산합니다.

위의 그래프 5-2에 따르면 2012년 이혼한 부부가 혼인을 지속한 기간은 평균 13.7년으로, 전년 대비 0.5년 길어졌습니다. 10년 전과 비교하면 2.4년 길어졌고요. 일각에서는 '이혼숙려제도'가 도입되어 사람들이 신중하게 이혼을 고민한 결과라고 이야기합니다.

하지만 분명히 다른 요인도 있습니다. 〈혼인 지속 기간별 이혼 구성비〉를 나타낸 다음 그래프 5-3을 볼까요? 혼인 지속 기간이 20년 이상인 부부의 이혼이 2012년에는 전체 이혼 부부의 26.4%에 이릅니다. 혼인 지속 기간이 4년 이하인 부부 이혼은 2002년 29.0%에서 2012년 24.7%로 감소했죠.

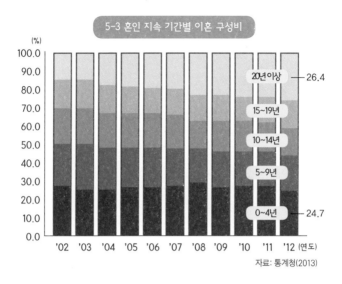

5-3 혼인 지속 기간별 이혼 구성비

20년이상 — 26.4

15~19년

10~14년

5~9년

0~4년 — 24.7

'02 '03 '04 '05 '06 '07 '08 '09 '10 '11 '12 (연도)

자료: 통계청(2013)

전반적으로 혼인 지속 기간이 20년 미만인 부부의 이혼은 감소 추세이고, 황혼 이혼은 증가하는 추세입니다. 그리고 2012년에는 처음으로 황혼 이혼의 비중이 가장 높았습니다.

황혼 이혼은 결혼한 지 20년 이상 된 부부의 이혼을 말하죠. 바로 이 황혼 이혼의 증가가 이혼 부부의 평균 혼인 지속 기간이 길어진 것에 영향을 미쳤습니다.

또한 이혼까지 가는 기간이 과거보다 길어진 또다른 이유도 생각해 볼 수 있습니다. 우선 혼인 지속 기간 4년 미만 부부의 이혼이 줄어든 이유는 혼인율이 떨어졌기 때문일 것입니다. 결혼식을 하고 혼인신고는 하지 않은 채 사실혼 관계를 짧게 유지하다가 헤어지는 부부들이 많아졌기 때문이죠. 이들의 경우 따로 법적인 이혼 절차를 밟을 필요가 없으니 당연히 이들의 이혼은 통계에 반영되지 않습니다.

이혼 사유는 무엇일까

이혼을 할 때 당사자들은 이혼 사유를 법원에 제출합니다. 이혼하는 이유는 대개 '성격 차이'라고들 하죠. 다음의 표 5-4 〈이혼사유 통계자료〉를 봐도 40% 이상이 자신들의 이혼 사유를 '성격 차이'라고 밝혔습니다. 경제 문제, 배우자 부정(不貞, 부부가 서로의 정조를 지키지 않음), 가족 간 불화 등이 뒤를 잇고 있네요.

사람마다 성격이 다 다르기 때문에, 성격 차이 그 자체가 이혼 사유가 되지는 않죠. 상대방의 성격을 받아들이고 감당할 수 있는지 여부가 이혼에 영향을 미칠 겁니다.

여기서 잠시 황혼 이혼에 대해서도 생각해 봅시다. 20년 이상을 부부로 산 사람들이 자녀가 대학에 입학할 즈음, 혹은 결혼할 즈음에 이혼하는 경우가 많아요.

5-4 이혼 사유 (단위: %)

연도	계	배우자 부정	정신적·육체적 학대	가족 간 불화	경제 문제	성격 차이	건강 문제	기타*
2000	100	8.1	4.4	21.9	10.7	40.2	0.9	13.7
2005	100	7.6	4.5	9.5	14.9	49.2	0.6	13.7
2010	100	8.6	4.8	7.3	12.0	45.4	0.7	21.3
2011	100	8.1	4.7	7.1	12.3	44.9	0.7	22.3
2012	100	7.5	4.2	6.5	12.7	46.6	0.7	21.9

* 이혼 사유 미상 포함

출처: 통계청(2013)

황혼 이혼

왜 이러한 현상이 나타날까요? 단순히 혼인 유지 기간이 길어서 생긴 갈등 때문에 황혼 이혼이 증가했을까요? 기본적인 이유는 기나긴 결혼 생활을 하며 생긴 갈등의 골을 제대로 봉합하지 못했기 때문이에요. 누적된 갈등은 결국 서로에 대한 신뢰를 깨뜨려 버립니다.

일단 황혼 이혼의 실제 사례를 보면, 아내들이 가부장적 사고방식을 가진 가장으로 인해 겪은 고통을 호소하며 이혼을 요구하는 경우가 많습니다. 20여 년간 고통을 참고 살다가 자녀가 장성한 뒤 자신의 행복을 찾는 것이죠.

최근에는 혼인 지속 기간이 긴 경우 전업주부들도 재산 형성에 참여한 공로를 인정받아 이혼할 때 상당한 재산을 분할받을 수 있습니다. 이혼한 사람을 색안경 끼고 바라보는 사회의 눈초리도 많이 줄어들었고요. 그만큼 여성의 사회적 지위가 향상된 것이죠.

하지만 여성의 사회적 지위가 향상된 것이 황혼 이혼율이 상승한 직접적인 원인이라는 말은 아닙니다. 여성의 사회적 지위가 높아졌는데도 여전히 가부장적인 집안 분위기 탓에 일어나는 부부간의 갈등이 황혼 이혼의 결정적인 이유라고 보는 것이 가장 타당합니다.

사실 이혼 당사자들의 마음을 조금만 생각해 보면, 이혼한 사람을 색안

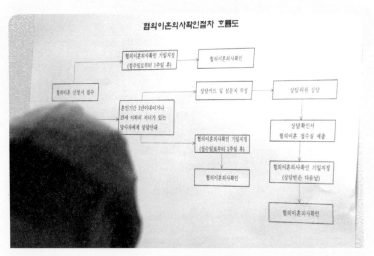

서울가정법원에 게시되어 있는 협의이혼의사확인절차 흐름도입니다. 이혼숙려제도가 생긴 후 협의이혼신청을 취하하는 사람들이 20% 이상으로 증가했다고 합니다.

경 끼고 바라보는 일이 얼마나 위험한지 알 수 있습니다. 단순히 성격 차이, 경제 문제 등 몇 글자로 정리되는 사유 이전에 당사자들은 이혼을 결정하기까지 말로 다 표현 못할 만큼 마음고생을 하고 두려워했을 겁니다.

이처럼 이혼이란 것은 당사자들은 물론 주위 사람들에게 상처를 남기는 일이 될 수 있어 신중해야 합니다. 흔히 "4주 후에 뵙겠습니다"라는 드라마 대사로 잘 알게 된 이혼숙려제도는 그러한 신중한 의사결정을 위해 도입되었습니다.

이혼숙려제도는 부부가 가정법원에 협의이혼을 신청했을 때, 일정한 기간을 거쳐야 이혼이 허가되는 제도를 말합니다. 2008년에 도입된 이 제도는 성급한 이혼을 막으려는 취지에서 만들어졌어요.

미성년인 자녀가 있거나 임신 중인 경우에는 3개월, 자녀가 없거나 성년인 자녀만 있을 경우에는 1개월 등으로 기간이 각각 정해져 있습니다. 단, 가정폭력 등으로 기간의 단축 또는 면제가 필요하면 사유서를 제출하면 됩니다.

그런데 실제로 이 제도를 거쳐 이혼한 사람들을 대상으로 조사한 결과, 절반 이상이 숙려 기간을 줄이거나 없애야 한다고 응답했습니다. 이혼을 결심하기까지 고심했던 그 시간이 이미 숙려 기간이라는 이유에서입니다.

이혼에 대한 의식 변화가 필요하다

아직 우리 사회는 이혼한 사람들, 특히 이혼한 여성을 보는 시각이 그리 좋지 않은가 봅니다. 미국의 여론조사 기관인 WPO(World Public Opinion)가 2008년 1~5월에 걸쳐 우리나라·중국·미국·프랑스 등 17개 나라 국민 1만 7,595명을 대상으로 자국에 이혼 여성에 대한 차별이 있는지 여론조사를 실시했습니다.

표 5-4에 나타난 조사 결과를 보면 우리나라 응답자의 82%가 한국 사회에서 이혼 여성이 차별을 받는다고 인식하고 있었습니다. 자세한 결과를 이야기하자면 '심하게 차별을 받고 있다'는 35%, '어느 정도 차별을 받고 있다'는 47%로 나타났습니다. 이는 여성 차별이 심한 것으로 알려진 이슬람 국가들보다 높은 수치입니다. 이집트는 80%, 터키는 72%, 팔

5-4 이혼 여성 차별 여부에 대한 긍정 답변 비율	
나라	비율(%)
한국	82
이집트	80
터키	72
팔레스타인	53
멕시코	50
이란	51
인도	46
중국	46
영국	41
미국	37
러시아	28
태국	28
프랑스	17
평균	46

자료: WPO(2013)

레스타인은 53%가 차별받고 있다고 응답했죠.

사회적 측면에서 보면 이혼은 가족이라는 중요한 사회 구성단위가 깨지는 문제 상황입니다. 하지만 개인적 측면에서는 한 사람이 자신의 행복을 좇기 위해 어렵게 내린 결정이죠.

혼인과 이혼은 지극히 개인적인 선택임에도 국가가 통계 수치를 매기는 이유는 가족 정책을 수립해 나가기 위해서입니다. 사회적 측면에서는 어쩔 수 없이 해야 하는 일이라는 뜻이죠.

하지만 개인이 다른 사회 구성원의 삶을 평가하는 것은 편견에 사로잡힌 오만한 태도입니다. 부정적인 평가라면 더욱 그렇고요. 당사자들은 이혼이라는 결정을 하기까지 굉장히 고통스러웠을 텐데, 사회적으로 비난의 시선까지 받는다면 그들의 어려움은 더욱 가중될 겁니다. 사회에는 다양한 사람들이 있습니다. 교양 있는 사회 구성원이라면 서로 다른 삶을 응원하고 보듬어주는 태도를 가져야 하지 않을까요?

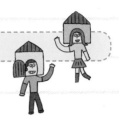

이 또한 지나가리라 평균으로의 회귀

제가 아는 부부가 있습니다. 남편은 키가 160센티미터 중반인데 아내는 모델처럼 키가 큽니다. 그 부부 사이에 태어난 아들의 키는 180센티미터 가까이 되고요. 그런데 어릴 때부터 작은 키로 놀림을 당했던 이 집의 아버지는 버릇처럼 아들에게 이렇게 말씀하신다고 해요.

"아들아, 네 키가 크다고 해서 키가 작은 배우자를 고르면 절대로 안 된다. 키 큰 여자를 찾아야 해."

우월한 유전자를 가진 사람들만 골라 그들만의 사회를 만들려고 계획했던 학자가 있었습니다. 바로 우생학 연구자 프랜시스 갈턴(Francis Galton)입니다. 그런데 그가 조사한 결과를 보면 키가 큰 유전자를 지녔다고 해서 그것이 반드시 다음 세대로 이어질 가능성은 약한 것 같습니다. 오랜 연구를 거쳐, 그는 키 큰 부모를 둔 자녀가 부모보다 더 크지는 않으며 반대로 키 작은 부모에게서 태어난 자식이라도 부모보다 키가 크다는 것을 목격했어요.

어디 키뿐일까요? 갈턴은 부모의 특징이 자녀에게 유전되는 양상도 살폈습니다. 그 결과 대체로 부모의 특징이 많이 전해지지만 부모에게서 강한 유전자가 자녀에게서는 약하게, 부모에게서 약한 유전자가 자녀에게서는 강하게 나타난다는 것을 알아냈죠. 즉, 부모 세대와 자녀 세대의 평균이 일정해지도록 조정되는 겁니다. 여기서 나온 내용이 '평균으로의 회귀(regression toward mean)'입니다.

여러분은 혹시 '2년차 징크스'라는 말을 들어본 적 있나요? 예를 들어 프로야구에서 데뷔 첫 해에 매우 좋은 성적을 낸 선수가 그다음 해에는 성적이 그리 좋지 않은 경우에 적용하는 말입니다. 이 역시 평균으로 회귀하는 현상, 더 쉽게 이야기하면 어떤 것이 여러 번에 걸쳐 일어날 때 평균값에 가까워지기에 항상 잘할 수는 없다는 것이죠.

어느 해 대학 입학 성적이 좋았던 고등학교는 조만간 그 자리를 다른 학교에 빼앗길 수도 있고, 수익을 많이 남긴 회사는 그 다음에 그렇지 않을 가능성이 큽니다. 현재 세대가 어렵게 살면 다음 세대에 가서는 나아지고, 현재의 삶이 힘들다면 언젠가는 좋아질 가능성이 있습니다.

그래서 이 평균으로의 회귀는 보이지 않는 어떤 미래까지 보라는 의미로, 지금 어렵다고 해서 그 어려움이 계속될 거라는 생각을 버리라는 의미로 다가옵니다. 이러한 의미에서 여러분에게 들려주고 싶은 한 구절이 있습니다. "이 또한 지나가리라."

지금 눈앞에 닥친 힘든 일들도 결국 시간과 함께 지나갈 것입니다. 우리가 언제나 희망을 포기해선 안 되는 이유입니다.

함께 읽으면 좋은 책들

01 출생과 사망으로 보는 우리의 삶

구정화, 『청소년을 위한 사회학 에세이』, 해냄, 2011년
전대원, 『고등어 사전』, 메디치미디어, 2012년

02 2700년 대한민국이 사라진다

이슈투데이 편집국, 『인구문제: 저출산의 악몽』, 이슈투데이, 2011년
필립 롱맨, 『텅 빈 요람』, 민음인, 2009년

03 현대인에게 가족이란 무엇일까

김해원 외 3인, 『가족입니까』, 바람의 아이들, 2010년
최광현, 『가족의 두 얼굴』, 부키, 2012년
이설아, 『가족의 탄생』, 북하우스, 2013년

04 결혼은 필수일까, 선택일까

남복현, 『다문화 가족의 이해: 한국과 베트남 국제결혼을 통해 본』, 장서원, 2010년
황민수, 『연애결혼출산을 포기한 '삼포 세대'』, 상원, 2011년

05 '검은 머리가 파뿌리 될 때까지'는 옛 말

조인섭, 『조변호사의 이혼 이야기』, 바움, 2012년

2장
한국, 한국인의
일상이 진화한다
생활과 문화

초고속 인터넷이 바꾼 우리의 삶

키워드 인터넷, 스마트폰, SNS, 인터넷 중독

평생 인터넷을 사용하지 않는 대신, 거액의 돈을 준다는 제안을 받는다면 어떨까? 정말 인터넷을 포기할 수 있을까? 어쩌면 우리는 인터넷을 포기하는 삶을 돈으로 환산하기 어려운 시대를 살고 있는지 모른다. 인터넷에 기반하여 움직이는 우리의 삶을 살펴보자.

24시간 생활을 파고드는 인터넷

혹시 이메일로 크리스마스나 새해 인사를 주고받지는 않습니까? 아, 문자 메시지나 스마트폰 SNS로 주고받는다고요. 그런데 알고 보면 스마트폰도 인터넷 운영 체계를 사용하고 있습니다. 손 편지에서 이메일, 문자 메시지, SNS에 이르기까지 통신에 혁신을 거듭하게 한 이 '인터넷'은 언제 생겨난 걸까요?

인터넷의 출생 시기는 1969년, 미국 국방부에서 내부 구성원 간의 네트워크 연결을 시도하면서 인터넷이 태어났죠. 우리나라에서는 1982년

에 서울대학교와 몇몇 기관이 네트워크를 사용하면서부터 인터넷의 역사가 시작되었습니다. 그 뒤 1998년 초고속 인터넷 서비스가 가정에 보급되면서 인터넷은 새로운 삶의 공간이 되었고, 우리의 생활은 눈에 띄게 달라졌습니다. 우리는 과연 어떤 변화를 겪었을까요?

오프라인과 똑 닮은 인터넷 세상

다음의 그래프 6-1을 보면 2010년 인터넷 이용자 수는 10년 전에 비해 약 2배 증가한 3,701만 명입니다. 우리나라 인구가 5,000만 명 정도니 10명 가운데 7명 이상이 인터넷을 이용하는 셈입니다. 그래서인지 인터

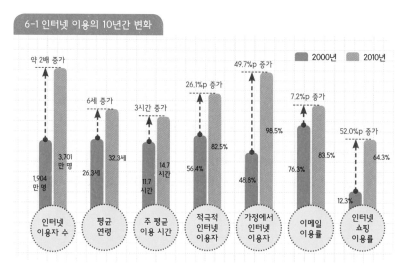

6-1 인터넷 이용의 10년간 변화

약 2배 증가 / 1,904만 명 / 3,701만 명 — 인터넷 이용자 수
6세 증가 / 26.3세 / 32.3세 — 평균 연령
3시간 증가 / 11.7시간 / 14.7시간 — 주 평균 이용 시간
26.1%p 증가 / 56.4% / 82.5% — 적극적 인터넷 이용자
49.7%p 증가 / 48.8% / 98.5% — 가정에서 인터넷 이용자
7.2%p 증가 / 76.3% / 83.5% — 이메일 이용률
52.0%p 증가 / 12.3% / 64.3% — 인터넷 쇼핑 이용률

2000년 2010년

자료: 방송통신위원회·한국인터넷진흥원(2010)

넷 공간도 우리가 살아가는 대한민국과 닮아 있습니다. 인터넷에도 네티즌이나 퍼블리즌*으로 불리는 국민이 있고, 나름대로 이용자들의 권리와 의무도 존재하는 셈이니, 알고 보면 인터넷도 영토·국민·주권을 가진 국가로 볼 수 있겠죠.

네티즌들은 인터넷에서 다양한 모습으로 자신만의 집을 꾸밉니다. 근사한 미니홈피나 블로그와 같은 집을 가진 사람도 있고, 포털 사이트에 올라온 남의 글에 댓글을 달면서 전세살이를 하는 사람도 있습니다. 이외에 달랑 이메일 주소 하나로 간단한 삶을 사는 사람도 있습니다.

온라인 공간이 오프라인 공간과 비슷한 것은 이뿐만이 아닙니다. 인터넷 세상에는 방송국과 영화관도 있고, 취미를 즐길 수 있는 다양한 카페나 놀이 공간도 많습니다. 나날이 더 새로워지고 산뜻해진 뉴타운들이 지속적으로 만들어지고 있지요.

그렇다고 온라인 공간이 항상 좋은 방향으로 개발되는 것은 아닙니다. 투기꾼들이 사이버 공간의 땅 문서와 같은 인터넷 도메인을 선점하거나 저작권 등을 침해하는 일이 마구 일어나기도 합니다.

또한 부자들이 많은 재산을 소유하고 다수가 빈곤한 상태가 되면 문제가 생기는 것처럼, 인터넷에서도 격차(digital divide)가 문제를 일으킵니다.

무슨 소리냐고요? 소수의 사람들이 정보를 만들어내고 다수가 이를 수동적으로 받아들이는 현상이 나타나는 거죠. 인터넷 공간에서 정보 취약 계층인 사람들 대부분이 노년층이나 저소득층이라고 하니, 정보에 따른 계층 격차의 양상은 오프라인에서와 비슷합니다.

우리는 '1촌'으로 가까워진다

인터넷에서 가장 일상적으로 이루어지는 행위는 아마도 이메일이나 메신저, 문자를 주고받는 일일 거예요. 이처럼 정보를 교환하고 안부를 묻는 일상적인 일들이 이메일이나 메신저 등을 통해 이루어지던 것에서 요즘은 트위터나 싸이월드, 페이스북 같은 SNS를 타고 즉각적으로 전달됩니다.

그러다 보니 자신의 감정이나 정보를 걸러서 정화하지 않고 그대로 노출해 종종 문제가 되기도 해요. 정치인들이나 연예인들이 별 생각 없이 올린 글이 순식간에 퍼져나가면서 어려움을 겪는 것도 인터넷 세상의 SNS가 갖는 실시간성·복제 가능성·그리고 전달성 때문입니다.

어떤 사람들은 이메일이나 메신저, SNS로 안부를 묻는 것이 인간관계를 악화시킨다고 비판합니다. 손 편지와 달리 정성이 들어 있지 않고 직접 얼굴을 마주 보면서 이야기할 기회를 빼앗아 간다는 이유에서죠.

그런데 가만히 보면 인터넷을 비롯한 디지털 네트워크는 그 나름으로 새로운 인간관계를 형성하는 데 도움을 주기도 합니다. 자신의 생각이나 느낌을 지인들과 실시간으로 공유하면서 소통하고 유용한 정보를 나눌 수 있으니, 인간관계를 유지하는 데 더할 나위 없이 좋은 수단이 되는 거죠.

더불어 디지털 네트워크는 '1촌'이라는 새로운 개념의 친척 관계를 만들었습니다. 오직 부모 자식 관계에서만 가능한 것이 1촌인데, 인터넷 세상에서는 마음만 맞으면 쉽게 1촌이 되어 가까워질 수 있습니다. 어디

그뿐인가요. SNS에서 나와 친구의 인맥을 서로 공개하면 더 많은 사람들을 빠른 시간 안에 알아갈 수 있습니다. 친구를 통해 또다른 친구를 사귀는 오프라인의 인맥 형성 방법과 같죠.

시간이나 거리 문제로 가까이하지 못하는 가족·친척·친구들이 디지털 '1촌'이나 '이웃'으로 가까워지기도 합니다. 이런 것을 보면 인터넷 공간은 과거의 장터처럼 수많은 사람들을 만나게 해주는 공간이라는 생각이 듭니다.

인터넷이 만든 새로운 시장

인터넷에서 가장 활발하게 성장한 분야는 바로 자본주의의 꽃, 쇼핑입니다. 인터넷 쇼핑 이용률은 10년 전과 비교해서 5배나 늘어났습니다. 대형 마트나 쇼핑몰에서 물건을 구입하는 일 외에도 영화와 공연 관람, 외식 등 다양한 활동을 할 수 있죠. 인터넷 쇼핑몰에서도 마찬가지입니다. 각종 물건 구매, 공연 예약, 반찬거리 주문에 이르기까지 클릭 몇 번만으로 여러 가지 일을 편리하게 해결할 수 있습니다.

현대인의 쇼핑 행위가 오프라인 쇼핑몰에서 시간을 보내는 몰링(malling)이나 인터넷 쇼핑몰에서 물건이나 서비스를 선택하는 클릭, 둘 중 하나로 해결되는 셈이지요. 대형 오프라인 공간을 거닐며 쇼핑하는 일이나 온라인 공간을 유영하며 클릭하는 것이나 그 본질은 같습니다.

그래서 시장의 성장 추세를 보면 전통시장이나 소규모 슈퍼마켓의 매출액은 점점 줄어드는 반면, 대형 마트나 인터넷 쇼핑몰의 매출액은 급증하고 있습니다.

전자 상거래가 늘어나면서 자연히 택배 산업도 급성장했습니다. 우리나라의 택배 산업은 1992년에 처음 시작되었습니다. 그리고 2011년 한 해 동안 약 13억 개의 상품이 배달되었을 것으로 추정됩니다. 1년에 국민 한 사람당 26개 정도의 택배를 받는 셈입니다. 상품이 한꺼번에 이동하다 보니, 다수가 뭉쳐서 싸게 사는 공동 구매나 소셜 커머스(social commerce) 같은 새로운 상거래 방식이 생기고, 온라인 뱅킹도 발달하게 되었죠.

인터넷 쇼핑 이용자들은 구입한 물건을 사용하고 후기를 자신의 블로그 등에 올리는데, 이를 전문적으로 하는 사람들은 인기 블로거가 되기도 합니다. 자신의 일상이나 관심사를 기록하는 목적으로 블로그를 운영하다가 수많은 방문자들의 요청에 따라 쇼핑몰 CEO가 된 블로거도 있죠. 기발한 사업 아이템을 가지고 인터넷 창업으로 '대박'을 터뜨리는 사람들도 있습니다.

이렇게 인터넷을 발판으로 성장한 신흥 부자들은 자본주의가 만들어 낸 또다른 형태의 부르주아가 됩니다.

파워 블로거의 빛과 그림자, '파워 블로거지'

최근 판매 업체에게 거액의 수수료를 받고 자신이 운영하는 블로그에 제품을 홍보한 '파워 블로거'들이 문제가 되었습니다. 파워 블로거들이 소비자에게 미치는 영향이 커지면서 생긴 신조어가 바로 '파워 블로거지'입니다.

파워 블로거와 거지를 합친 말이죠.

이들은 식당에서 "음식을 공짜로 달라, 특별 서비스는 없냐"고 갖은 요구를 하거나 "물건을 주지 않으면 악의적인 평가를 올리겠다"며 억지 요구를 하기도 합니다. 식당 주인 등은 이들이 좋지 않은 평가를 인터넷에 올릴까 봐 울며 겨자 먹기로 이들의 요구를 들어줄 수밖에 없다고 해요.

감시·참여·보도의 새 지평을 열어 보인 SNS

통계청 자료를 보면 현재 인터넷 이용자 중에서 가정에서 인터넷을 이용하는 사람들이 98.5퍼센트라고 합니다. 이러한 통계 결과는 우리가 얼마나 편리하게 인터넷을 사용하고 있는지 짐작할 수 있게 합니다. 인터넷 보급률이 세계에서 손꼽힐 정도로 높은 데다 언제 어디서든 초고속 인터넷이 가능한 환경이 가져온 생활의 편리함은 일일이 말하기 어려울 정도죠. '산업화는 늦었지만 정보화는 앞서 가자'라던 우리 정부의 구호가 실현된 셈입니다.

이렇게 많은 네티즌이 가장 관심을 두는 분야는 무엇일까요? 여러 가지가 있겠지만 특히 사람들의 참여가 적극적이고 논란이 뜨거운 부분은 정치 분야인 듯합니다.

선거 후보자는 인터넷을 활용해 선거운동을 하고, 유권자들은 자신의 SNS 계정이나 블로그, 팟캐스트 등 인터넷 방송을 통해 자유롭게 정치적 성향을 노출하죠. 선거관리위원회에서 '애매한' SNS 선거운동에 대해 단속 지침을 내릴 정도였습니다. 역시 이에 대해서도 찬반 의견이 인

2012년 대통령 선거 때, 전국 투표소에서 볼 수 있었던 장면입니다. 많은 사람들이 투표를 한 후에 '인증샷'을 찍어 SNS로 공유하며 투표할 것을 독려했죠.

터넷을 뜨겁게 달구었습니다.

인터넷은 1명의 감시관이 죄수 전체를 한눈에 감시할 수 있는 파놉티콘(Panopticon) 구조와도 닮아 있습니다. 웹상의 이동 경로나 전자 정보를 수집하면 많은 사람들의 개인 정보를 캘 수 있죠. 전자 정부가 발달해도 사람들이 이를 잘 이용하지 않는 것은 인터넷의 쿠키 기록 등으로 자신이 감시당할 수 있다고 보기 때문입니다.

잠깐, 조금 전에 여러분이 인터넷상에서 돌아다녔던 사이트들을 통해 이미 여러분의 개인 정보가 누군가에게 넘겨졌을지 모릅니다.

그렇다고 인터넷이 논란의 공간인 것만은 아닙니다. 2008년 촛불 시위를 생각해 봅시다. 언론에 보도되지 않았던 시위대의 소식을 사람들이 현장에서 전달했죠. 감시에 대한 역감시, 시놉티콘(Synopticon)이 가능한 세상이 된 것입니다.

또한 1인 미디어 시대에 걸맞게 누구나 기자가 되어 각종 사건사고를 보도할 수 있습니다. SNS가 만들어낸 이슬람 사회의 재스민 혁명*은 이러한 변화의 사례입니다.

편리함 뒤에 도사린 위험

초기의 인류가 유목민(nomad)으로 살아가면서 온갖 어려움을 겪어야 했던 것처럼, 우리가 인터넷 유목민인 '디지털 노마드(digital nomad)* 족'으로 사는 데에도 다양한 위험 요소가 있습니다.

무엇보다 위험한 것은 중독입니다. 게임·도박·쇼핑 등 중독될 거리가 너무나 많습니다. 특히 때와 장소에 상관없이 쉽게 접근할 수 있는 인터넷 게임에 빠져서 밤을 새우는 청소년들이 많아졌죠. 정부가 '셧다운제'를 도입하려고 나설 정도로 심각한 문제입니다.

셧다운제는 만 16세 미만의 청소년들이 자정부터 아침 6시까지 인터넷 게임을 할 수 없도록 제한한 것입니다. 청소년들이 인터넷을 통해서라도 스트레스를 풀 수 있도록 해야 한다는 주장과 청소년과 온라인 게임 업체의 자유를 침해한다는 반발도 타당하지만, 인터넷 중독자 10명 가운데 9명이 중고생이라는 점을 고려하면 이 제도를 무조건 반대할 수만은 없네요.

개인 정보 유출 문제도 심각합니다. 인터넷을 이용하기 위해서는 이름이나 전화번호, 이메일 주소 등 개인 정보를 노출해야 할 때가 많습니다. 그런데 유명 포털 사이트나 인터넷 쇼핑몰 등이 속수무책으로 해킹을 당했죠. 디지털 노마드족으로 살면서 사이버 환경의 재난을 완벽하게 피해

가기란 힘든 일인가 봅니다.

또 인터넷의 생김새를 찬찬히 살펴보면 고대 로마의 원형 경기장인 콜로세움이 떠오릅니다. 사람과 사람 혹은 짐승과 대결을 펼치는 모습을 보면서 흥분하던 관중들은 네티즌들의 모습과 흡사합니다. 네티즌들은 '수사대'가 되어 물의를 일으킨 사람의 신상을 공개해 사회적으로 매장하거나 훌륭한 일을 해낸 사람을 영웅으로 만드는 일을 쉽사리 해내죠.

스마트 기기는 나날이 발전하고 실시간으로 메시지를 주고받는 등 인터넷에 더욱 의존하게 되면서 우리의 사생활이 더 많이 노출될 것입니다. 그러니 사생활 침해 문제에 대한 불편한 인식이 증가하는 것은 당연한 일입니다.

인터넷의 발달이 가져온 가장 큰 문제는 소외감과 비인간화입니다. 6-2 그래프에서 보듯 그 양상은 점점 늘어나는 듯하네요. 아무리 많은

90

사람들과 '1촌'으로 엮여도, 주변 사람들이 SNS로 내 소식에 재빨리 응해주어도 그곳에는 메시지만 있을 뿐이니까요. 나와 얼굴을 마주하며 내 이름을 불러주는 누군가가 없다는 것, 이 점이 바로 인터넷 시대에 느끼는 소외감과 비인간화의 원인입니다.

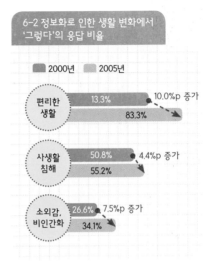

6-2 정보화로 인한 생활 변화에서 '그렇다'의 응답 비율

■ 2000년 ■ 2005년

편리한 생활 13.3% / 83.3% — 10.0%p 증가

사생활 침해 50.8% / 55.2% — 4.4%p 증가

소외감, 비인간화 26.6% / 34.1% — 7.5%p 증가

자료: 통계청(2006)

잠시 손안의 기계를 내려놓고, 지금 곁에 있는 사람의 얼굴을 마주 보며 손을 맞잡아 보세요. 곁에 있는 사람과 서로 어루만지며 온기를 느낄 수 있다면 우리는 편리하면서도 인간적인 삶을 누리고 있을지도 모릅니다.

◆ **퍼블리즌** '공개·홍보(publicity)'와 '시민(citizen)'의 영문 합성어. 사이버 공간에서 자신의 일거수일투족을 공개하거나 알리고 싶어 하는 사람들을 일컫는다.

◆ **재스민 혁명** 독재 정권에 반대해 전국적 시위로 번진 튀니지의 민중 혁명이다. 아프리카 및 아랍권에서 쿠데타가 아닌 민중의 힘으로 독재 정권을 무너뜨린 최초의 사례로 기록되었다.

◆ **디지털 노마드** 첨단 디지털 기기를 활용하여 세계를 자유롭게 유랑하는 21세기 신인류를 일컫는 말이다. 디지털 기기를 이용하여 시공을 초월한 다양한 정보를 찾아 이동하는 사람들 모두를 지칭한다.

07

일할 권리와 쉴 권리,
어떻게 여가를 누릴까

키워드 노동, 여가, 프랑크푸르트학파

 남들보다 더 많이 공부하고, 더 많이 일하는 것만을 바람직하게 여겼던 전통적 경향과 달리, 최근에는 휴식의 가치에 주목해 좀더 잘 쉬는 방법을 고민하는 사람들이 눈에 띄게 늘어났다. 여가와 관련한 통계들을 살펴보면서 우리 국민들이 여가를 활용하는 모습을 알아보자.

휴식의 재발견

만약 뉴턴이 사과나무 아래에서 쉬지 않았다면 만유인력의 실마리를 찾지 못했을 겁니다. 그만큼 휴식은 창의력을 발휘하기 위한 중요한 계기가 됩니다. 최근 창의력을 중시하는 분위기에 맞춰 사무실을 휴식 공간처럼 아늑하고 편안하게 꾸미는 기업들이 부쩍 늘었죠. 그런 점에서 여가는 노동의 효율성을 극대화하기 위한 도구로 존재하는 것 같기도 해요.

하지만 생존을 위한 노동만큼이나 인간다운 삶을 위한 여가 역시 절대적으로 필요합니다. 몸과 마음을 쉬게 하면서 건강하게 하루하루를 살아갈 수 있고 자아를 계발하고 성찰할 수도 있죠.

인간의 역사는 노동을 최소화하고 여가를 늘리는 방향으로 진행돼 왔습니다. 우리나라도 주 5일제(주 40시간 근무제)를 본격적으로 시행하면서 여가를 중시하기 시작했습니다. 아파트 광고를 예로 들어볼게요. 예전에는 구조나 크기 등 집 자체에 초점을 맞췄다면 요즘은 다양한 문화생활을 누릴 수 있는 아파트 내 휴식 공간을 더 강조합니다.

직장을 구할 때 임금과 안정성뿐만 아니라 퇴근 후나 주말에 휴식이 보장되는지를 고려하는 사람들이 많아진 것도 비슷한 맥락입니다.

일과 노동을 위한 '쉼'

프랑스 화가 쇠라(Georges Pierre Seurat)가 그린 〈그랑드 자트 섬의 일요일 오후〉라는 그림을 본 적이 있나요? 얼핏 보면 주말 오후의 한가로운 모습을 묘사한 듯하지만 그림 속 인물들을 찬찬히 들여다보세요. 여유롭고 들뜬 분위기가 아니라 무표정한 모습임을 발견할 수 있을 거예요.

사실 이 그림은 산업화로 인해 6일 내내 일하느라 지친 중산층의 여가 모습을 그린 작품입니다. 이 그림 속 풍경처럼, 사람들은 일상적인 공간을 벗어나 자연 속에서 시간을 보내고 싶어 합니다. 특히 쳇바퀴 돌듯 정형화된 삶을 살아가는 현대인일수록 그러한 경향이 더욱 두드러지죠.

여가를 노동과 대비해 이해하려는 이유는 산업화된 사회에서 살아가

19세기 말 휴일의 모습을 담은 쇠라의 〈그랑드자트 섬의 일요일 오후〉. 1850년 영국의 공장법이 시행되면서 노동자들이 토요일에는 한나절만 일하게 되었습니다. 이때부터 어떻게 여가를 보낼 것인지 생각하는 사람이 생겨나기 시작했습니다.

는 사람들의 삶의 모습과 관련이 있기 때문입니다. 평일 내내 일한 끝에 누리는 주말이나 1년에 딱 한 번뿐인 여름휴가 등 노동의 틀 안에서 비로소 갖는 휴식이 바로 여가입니다.

그래서 독일의 사회학자 그룹인 프랑크푸르트학파는 '유흥도 노동의 연장'으로 봅니다. 다음 노동을 위해 잠시 누리는 휴식이 바로 여가라는 거죠.

또 이들은 자본주의 사회에서 일어나는 여가의 상품화 문제도 지적합니다. 영화나 놀이공원 등의 문화 콘텐츠들은 모두 자본에 의해 만들어진 상품입니다. 알고 보면 집에서 텔레비전을 보는 것도 공짜가 아니에요. 텔레비전이라는 도구를 사는 데는 돈이 들고, 돈을 벌려면 일을 해야 하니까요. 노동을 위해 여가를 즐기고, 여가를 위해 노동을 해야 하는 거죠.

이러한 점에서 현대인에게 여가는 많은 의미가 담긴 쉼입니다. 그럼 우리나라 사람들은 여가를 어떻게 누리고 있는지 먼저 살펴볼까요?

우리가 누리는 여가의 현실

여러분은 주말이나 휴일에 무엇을 하면서 시간을 보내고 있나요? 어떤 이들은 아무것도 하지 않고 그냥 잠이나 푹 자고 싶다고 하고, 또 어떤 이들은 밖으로 나가 뛰어놀고 싶다고 합니다. 실제로도 우리가 누리는 여가 활동의 종류는 그리 많지 않습니다.

다음 표 7-1의 2011년 수치에서 알 수 있듯이 우리나라 사람들의 가장 많은 여가 활용 형태는 '텔레비전 및 비디오 시청(63.0%)'이고, 그다음은 특별히 무언가를 하지 않고 쉬는 '휴식(36.8%)'입니다. '가사(28.6%)' '사

7-1 휴일의 여가 활용 실태*											(단위: %)
	텔레비전 및비디오 시청	여행	문화 예술 관람	스포츠 활동	컴퓨터 게임 등	창작적 취미	자기 계발	종교 활동	가사	휴식	사교 관련 일
2009**	59.6	12.4	8.3	10.3	16.2	3.1	6.1	14.2	31.0	42.0	23.5
2011***	63.0	10.0	9.8	10.2	17.2	4.5	5.8	13.9	28.6	36.8	20.2
지역별 도시 (동부)	63.2	10.5	10.8	10.7	18.1	4.8	6.2	14.5	28.0	36.2	20.6
지역별 농어촌 (읍면부)	62.3	8.0	5.5	8.1	13.1	3.6	3.5	11.2	31.5	39.6	18.5

* 복수 응답 ** 15세 이상 인구 대상 *** 13세 이상 인구 대상   자료: 통계청(2011)

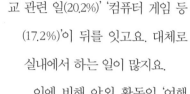

교 관련 일(20.2%)' '컴퓨터 게임 등
(17.2%)'이 뒤를 잇고요. 대체로
실내에서 하는 일이 많지요.

이에 비해 야외 활동인 '여행
(10.0%)' '문화 예술 관람(9.8%)'
'스포츠 활동(10.2%)' 등은 상대적으로
낮은 비율을 보입니다.

그런데 지역별로 살펴보니 의외로 농어촌
지역의 야외 활동 비율이 도시 지역에 비해
더 낮습니다. 상대적으로 도시 사람들이 꽉 짜인 생활을 하는 비율이
더 높기 때문인지, 아니면 농어촌 사람들의 생활 자체에 야외 활동이
포함되어서인지 그 원인을 명확하게 파악하기는 어렵습니다.

다만 이러한 여가 현실을 볼 때, 그나마 〈그랑드 자트 섬의 일요일 오
후〉 그림에서와 같은 야외 활동조차 쉽지 않다는 점은 분명해 보입니다.
'서울의 일요일 오후'를 그린다면 어떤 모습일까요? 성냥갑 같은 아파트
단지를 배경으로 층층마다 드러누운 사람들이 무표정하게 텔레비전을
보고 있는 그림은 아닐지 모르겠습니다.

여가 활동을 평가하는 기준, 돈과 시간

그렇다면 이번에는 우리가 스스로 여가 활동을 어떻게 평가하는지

		계	만족	보통	불만족	소계	경제적 부담	시간 부족	교통 혼잡 및 불편	여가시설 및 정보 부족	적당한 취미 없음	체력이나 건강이 종지 않음	여가를 함께할 사람 없음	기타
2009*		100	21.8	46.1	32.1	100	54.3	28.4	1.9	2.6	2.4	7.7	1.8	0.9
2011**		100	19.3	48.6	32.1	100	60.9	23.2	1.0	2.9	3.4	6.8	1.6	0.3
가구의 월평균 소득	100만 원 미만	100	10.8	47.5	41.7	100	71.4	5.1	0.5	1.7	2.1	17.6	1.6	0.0
	100~200 만 원	100	13.3	49.4	37.3	100	70.9	15.5	0.8	2.2	3.0	5.8	1.7	0.2
	200~300 만 원	100	17.8	49.8	32.4	100	61.8	25.6	1.4	2.6	3.8	3.1	1.5	0.3
	300~400 만 원	100	22.2	49.9	27.9	100	54.3	32.4	1.2	3.5	2.9	3.8	1.6	0.4
	400~500 만 원	100	26.1	48.5	25.4	100	44.4	40.0	1.2	3.6	5.1	3.7	1.4	0.6
	500~600 만 원	100	28.6	46.8	24.6	100	34.1	46.2	1.6	7.2	5.9	3.5	1.2	0.2
	600만 원 이상	100	36.9	43.6	19.5	100	28.7	51.4	2.1	4.6	6.6	3.6	2.6	0.4

* 15세 이상 인구 대상 ** 13세 이상 인구 대상   자료: 통계청(2012)

살펴봅시다.

표 7-2에서 2011년 자신의 여가 활용에 대해 만족한다는 비율은 2년 전에 비해 2.5%p가량 줄어든 19.3%로 나타났습니다, 만족한다는 비율보다 '불만족(32.1%)' 비율이 더 높군요.

여가 생활에 불만족한 가장 큰 이유는 '경제적 부담'과 '시간 부족'으로, 결국 돈과 시간이 문제입니다. 특히나 경제적 부담의 항목은 2년 전에 비해 6%p 정도 더 많아진 모습입니다.

참고로 2010년 가구당 월평균 여가 비용은 16만 8,000원으로 2008년에 비해 약 2만 9,000원 증가했지만, 66%의 사람들이 여전히 이를 부족하게 느낀다고 대답했어요. 우리 국민이 희망하는 월평균 여가 비용은

26만 6,000원으로, 실제 소비 수준보다 10만 원가량 더 높습니다. 이런 수치를 볼 때 우리 국민이 만족스러운 수준의 여가를 보내게 될 날은 아직 요원해 보입니다.

결국 프랑크푸르트학파의 주장처럼, 우리는 돈 없이는 여가를 누리기 힘든 현실 속에서 살고 있습니다. 풍요로운 여가 생활을 즐기려면 더 많이 일해야 하죠. 밖에서 일을 하려면 집안일을 대체해 줄 첨단 기계 또한 필요합니다. 이런 사회에서, 가전제품의 그 기능이 발전하는 것은 당연한 일인지도 모릅니다. 그런 제품일수록 가격은 더욱 비싸기 때문에 그것을 가지려면 더 많이 일해야 하는 모순이 생깁니다.

시간이 부족해서 여가를 제대로 누리지 못한다는 응답에 대해서도 생각해 봅시다. 2010년 문화체육관광부 조사 자료에 따르면, 15세 이상 우리나라 국민의 하루 평균 여가 시간은 평일 4시간, 휴일 7시간입니다. 2008년에는 평일 3시간, 휴일 6.5시간이었으니 조금 더 증가한 수치죠. 그럼에도 불구하고 절반이 넘는 사람들은 현재 여가 시간이 부족하다고 이야기합니다.

여가 활동을 통해 살펴보는 계층 문제

결국 여가 활동에 대한 불만족 또한 돈과 시간 부족의 문제로 귀결됩니다. 그런데 여기에 '계층'이라는 변수가 들어가면 모양새가 조금 달라집니다.

여가 활용에 불만족하는 이유를 앞의 7-2 표에서 소득 수준별로 다시 보면 소득이 낮을수록 경제적 부담을 느끼는 비율이 높고, 소득이 높을수록 시간 부족을 느끼는 비율이 높습니다. '경제적 부담 때문에 여가 활동에 불만족한다'고 응답한 비율은 소득이 100만 원 미만인 집단에서는 71.4%인 반면, 소득이 600만 원 이상 집단에서는 28.7%로 나타나 큰 차이를 보입니다.

한편 그래프 7-2에서 시간이 부족해서 여가 활동에 만족하지 않는다고 응답한 비율은 소득이 600만 원 이상인 집단에서 51.4%로, 100만 원 미만인 집단(5.1%)보다 10배가량 높습니다. 이를 보면 시간과 경제적 측면 모두에서 만족스럽게 여가 활동을 즐기는 사람들은 많지 않은 듯합니다.

소득 수준의 차이는 휴가 기간에도 영향을 미칩니다. 7-3 그래프에서 1년에 이틀 이상 휴가를 보낸 비율을 소득 계층별로 살펴보면, '100만

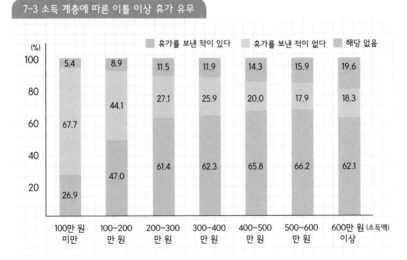

7-3 소득 계층에 따른 이틀 이상 휴가 유무

자료: 문화체육관광부(2010)

원 미만'에서는 26.9%인 반면, 200만 원 이상에서는 모두 60% 이상으로 2배 이상의 차이를 보입니다.

결국 앞의 두 가지 표들을 종합적으로 따져보면 소득 수준이 높은 집단의 경우 시간 부족을 이유로 여가 활동에 불만족스러움을 표현하며, 돈이 부족해서 여가를 제대로 누리지 못하는 저소득층과는 그 고민이 질적으로 다르다는 것을 알 수 있습니다.

높은 연봉보다 나의 여가가 더 중요하다, '다운시프트족'

일을 위해서라면 당연히 개인의 삶을 희생하는 '노동 중심적인 삶'을 미덕으로 여긴 시절이 있었습니다. 그러나 최근에는 일과 여가의 균형을 맞추고 삶의 질을 더욱 중요하게 여기는 사람들이 늘어나고 있죠. 이런 사람들을 '다운시프트(downshift)족'이라고 합니다.

본디 다운시프트는 자동차의 기어를 저속으로 바꾼다는 의미로, 다운시프트족들은 자동차의 속도를 늦추는 것처럼 느긋하게 살고 싶어 합니다. 이들에게는 높은 소득보다 자신의 여가 시간이나 자신이 좋아하는 일이 더 가치 있죠. 실제로 이 같은 삶을 추구하며 귀농 또는 귀촌을 하는 젊은이들이 급증하는 추세라고 합니다.

우리에게 가장 부족한 건 무엇? 바로 시간!

자본주의 사회에서 여가와 노동은 서로 등을 맞대고 있는 이란성 쌍둥이와 같습니다. 이 둘이 균형을 이룬다면 삶의 질도 높아질 거예요.

하지만 균형을 맞추기가 쉽지 않습니다. 일이 고되고 노동 시간이 길수록 그만큼 더 쉬고 싶은 것이 인지상정이지만, 실제로는 그렇게 하기가 어려우니까요.

노동에 대해 국가별로 비교한 자료를 보면, 우리의 힘든 노동 현실이 여가를 누리는 데에 어려움을 유발한다는 것을 명확하게 파악할 수 있습니다.

『2010년 OECD 통계연보(*2010 OECD Fact book*)』◆에 따르면, 우리나라의 1년 평균 노동 시간은 2,256시간으로 가장 깁니다. OECD 가입 국가의 1년 평균 노동 시간은 1,764시간이고요. 최소 노동 시간을 기록한 네덜란드(1,389시간)에 비하면 900여 시간이나 길죠. 이러한 노동 환경의 차이는 여가 시간과 질에도 영향을 미칩니다.

여행하고 즐기는 연예인들의 모습을 담은 텔레비전 프로그램에 열광하는 것도 우리의 현실과 무관하지 않을 겁니다. 앞으로는 집 안에서 여행하는 연예인들을 보며 대리 만족하는 수준에 그치지 않고, 더 많은 사람들이 직접 산으로 바다로 떠나 여가를 즐기는, 보다 풍요롭고 여유로운 사회가 되었으면 합니다.

◆ 2010년 OECD 통계연보 OECD 전 회원국의 2008년 통계를 토대로 작성한 자료. 우리나라는 경제·재정·교육·과학 관련 지표들은 상위권에 포진했으나, 근로 시간이나 고용률, 출산율 등 삶의 질과 연관된 부분에서는 OECD 평균에 크게 못 미쳤다.

08

우리는 얼마나
여행하는가

키워드 국내 여행, 국외 여행, 관광 산업

진화 사회학 이론에 따르면, 초기의 인류가 유목민이었으니 우리에게 여전히 그 유전적 특징이 남아 있다고 한다. 그래서 틈만 나면 우리는 새로운 곳으로의 여행을 계획하고 다른 사람의 여행기나 방송을 보며 선망한다. 여행에 관한 통계를 보면서 우리는 얼마나 여행하는지 알아보자.

유랑하는 존재, 인간

먼 옛날에 우리 조상들은 먹고살기 위해서 먼 거리를 이동해야 했습니다. 한곳에서만 지속적으로 살아간다는 것은 생명을 유지하는 데 그리 좋은 전략이 아니었지요. 끊임없이 이동하면서 수많은 맹수들의 위협과 자연재해에 대한 두려움들과 싸워야만 했습니다.

농경사회와 산업사회를 거치면서 인간은 거주지를 정하고 국가라는 경계 안에 정주하게 되었습니다. 삶은 안정되었지만 이동에 대한 원천적 욕구가 사라지지는 않은 채 말입니다. 그러나 이와 같은 이동의 욕구를 실천하기란 쉽지 않습니다.

표준화된 삶을 살아가는 현대인들에게도 여유 시간을 내어 여행을 한다는 것은 결코 쉬운 일이 아닙니다. 그래서 많은 사람들이 시간이 주어지면 하고 싶은 것을 '여행'이라고 손꼽아 이야기하는 것을 볼 수 있습니다.

국내 여행을 해본 경험은

그렇다면 우리는 왜 쉽게 여행을 가지 못할까요? '돈이 없어서'라는 생각이 먼저 들겠지만 사실은 그렇지 않습니다. '무전여행'이라는 말이 있듯 여행을 하는 데 꼭 많은 돈이 필요하지 않을 수도 있거든요.

표 8-1 가운데 2011년 조사 결과를 보면 여행을 쉽게 하지 못하는 이유를 파악할 수 있습니다. 조사 대상의 55.4%가 '여가 시간 및 마음의 여유 부족'이라고 대답했습니다. '건강상의 이유'로 여행하지 못한다는 사람은 전체의 13.7%나 됩니다. 다음이 '경제적 여유 부족'으로 13.0%를 차지했습니다. 그 외에 '선호하는 목적지 및 여행에 관심이 없어서'와 '집안에 돌봐야 하는 가족이 있어서'라고 응답한 사람들도 있었습니다.

2009년과 2010년의 경우도 봅시다. 여행을 하지 않는 이유에 대한 응답으로 '경제적 여유 부족'이 2위에 올라 있습니다. 2011년에는 이 항목이 3위로 내려간 걸 보면 우리의 경제 수준이 조금 회복된 것 같군요. 그러나 여전히 여행을 못 가는 결정적인 이유는 바로 마음의 여유가 없기 때문입니다.

'여가 시간 및 마음의 여유 부족' 항목은 50% 내외를 유지하며 1위를 지속하고 있네요. 이를 보면 여행을 떠나지 못하는 우리의 현실은 표준화·구조화된 삶과 관련이 있음을 알 수 있습니다. OECD의 다른 나라들과 비교해서 월등히 높은 근로 및 학업 시간을 자랑하기에, 시간적으로도 마음으로도 여유를 내기가 쉽지 않습니다. 늘 경쟁하는 분위기, '야근'과 '야자'가 당연시되는 사회에서 휴일에는 부족한 잠을 보충하기도 바쁘지요.

프리랜서가 많아졌고는 하지만 주어진 시간을 자기 마음대로 쓸 수 없는 사람들이 많다는 점을 고려하면 여전히 여

마음의
여유

구분	2011년	2010년	2009년
1위	여가 시간 및 마음의 여유 부족(55.4)	여가 시간 및 마음의 여유 부족(48.6)	여가 시간 및 마음의 여유 부족(51.7)
2위	건강상의 이유 (13.7)	경제적 여유 부족 (19.5)	경제적 여유 부족 (25.5)
3위	경제적 여유 부족 (13.0)	건강상의 이유 (11.0)	건강상의 이유 (7.1)
4위	선호하는 목적지 및 여행에 관심이 없어서(5.5)	선호하는 목적지 및 여행에 관심이 없어서(4.7)	선호하는 목적지 및 여행에 관심이 없어서(7.1)
5위	집안에 돌봐야 하는 가족이 있어서(4.7)	집안에 돌봐야 하는 가족이 있어서(4.7)	집안에 돌봐야 하는 가족이 있어서(3.6)

8-1 여행을 하지 못하는 이유 (단위: %)

*2010년, 2011년은 국내 여행을 하지 않은 이유, 2009년은 국내 관광 여행을 하지 않은 이유에 대한 결과임
자료: 문화체육관광부(2012)

행은 쉬운 선택이 아님을 느끼게 됩니다. 그래서 직접 여행을 하기보다 연예인들이 여행하는 텔레비전 프로그램을 보면서 시간을 보내는 경우가 많지요.

우리의 국내 관광 여행은 어떤 모습일까

텔레비전 외에도 국내 여행지를 볼 수 있는 곳이 있습니다. 바로 '대한민국구석구석(http://korean.visitkorea.or.kr)'이라는 인터넷 사이트입니다. 한국관광공사에서 운영하는 곳으로, 우리나라의 아름다운 여행지에 대해 알려주죠. 이 사이트를 보면 한반도 구석구석이 얼마나 아름다운지 알게 될 것입니다.

그런데 여행을 한다고 해서 모두 아름다운 경치를 구경하러 가는 것은 아닙니다. 출장 등 업무의 연장으로 여행을 떠나는 경우도 많습니다. 여기서는 순수한 놀이 목적의 관광* 여행을 위주로 살펴봅시다.

2011년 한 해 동안 관광을 목적으로 국내를 여행한 사람들은 64.8%입니다. 10명 중 6명 정도가 새로운 것을 보기 위해 일상에서 벗어나 여행을 한 셈입니다. 이는 2010년의 59.7%에 비해 증가한 수치입니다.

우리나라 국민들은 어떤 방식으로 여행하는지 좀더 살펴봅시다. 우선 당일로 다녀오는 경우도 있고, 여행지에서 숙박을 하는 경우도 있지요. 관광을 했던 사람들의 응답을 보면 2011년 46.8%가 숙박 여행을, 40.9%가 당일 여행을 했다고 합니다.

당일 여행을 한 사람들의 비율은 2009년에 34.5%, 2010년에 32.0%였는데, 2011년에는 40.9%로 늘어났습니다. 경제적으로 여유 있는 은퇴한 베이비 붐 세대가 증가하면서 당일 여행이 증가했을 것으로 예상됩니다. 또한 숙박 여행에 비해 비용이 적게 들고 시간적 제약이 덜하다는 당일 여행의 장점이 이러한 결과에 영향을 주었을 겁니다.

또한 우리가 여행을 다닐 수 있도록 일조한 것은 주 5일제 근무일 것입니다. 이에 비례하여 관광산업이 발달하면서 KTX 같은 빠른 교통수단이 생기고 도로 상황이 좋아진 것도 한몫을 했죠. 아침에 서울에서 출발해 부산 해운대에서 바다를 감상하고, 다른 지역으로 이동해 또다른 모습을 구경할 수 있을 만큼 전국이 한나절 생활권이 되었습니다.

그렇다면 우리나라 사람들이 가장 즐겨찾는 여행지는 어디일까요? 우리나라 국민의 절반이 수도권에 살다 보니, 수도권에서 멀지 많은 곳이 관광의 대상이 될 확률이 높습니다. 표 8-2에서도 숙박 여행의 경우 강

8-2 국내 여행 방문지			1위	2위	3위	4위	5위
구분			1위	2위	3위	4위	5위
국내 여행	숙박 여행	2011년	강원(13.7)	경기(10.5)	경북(10.4)	경남(9.2)	충남(9.1)
		2010년	강원(12.1)	경북(11.3)	충남(10.5)	경기(10.5)	서울(8.9)
		2009년	강원(22.7)	경북(11.1)	경남(9.9)	충남(9.6)	경기(8.9)
	당일 여행	2011년	경기(14.0)	서울(11.7)	경남(10.1)	전남(8.9)	경북(8.7)
		2010년	경기(14.0)	경남(13.3)	경북(10.9)	서울(10.2)	충남(9.0)
		2009년	경기(23.3)	경남(11.8)	전남(10.0)	충남(10.0)	경북(9.7)

(단위: %)

자료: 문화체육관광부(2013)

8-3 여행 경험자의 국내 관광 여행 비용		(단위: 원)		
구분		2011년	2010년	2009년
국내 관광 여행	1년 평균	405,291	345,056	365,124
	1회 평균	168,705	145,371	127,977
숙박 여행	1년 평균	417,176	347,267	350,355
	1회 평균	252,257	200,449	180,415
당일 여행	1년 평균	164,280	140,225	159,739
	1회 평균	75,738	61,241	62,673

자료: 문화체육관광부(2013)

원 지역이 가장 인기가 높군요. 2009년부터 3년째 1위를 지키고 있습니다. 경기 지역이 뒤를 잇고 있네요. 당일 여행의 경우 경기 지역은 3년째 1순위입니다.

방문지를 선택할 때 당일 여행과 숙박 여행 모두에서 '여행지의 지명도'를 최우선으로 고려한다고 합니다. 그다음으로 응답자들은 다양한 볼거리를 고려하고, 숙박 여행에서는 숙박 시설을, 당일 여행에서는 이동 거리를 따져본다고 했습니다.

이번에는 표 8-3을 통해 국내 여행에 비용이 얼마나 드는지 살펴볼까요? 2011년의 경우 국내 관광을 했던 사람의 여행 1회당 평균 비용은 16만 8,000원 정도입니다. 숙박 여행의 경우 1회당 25만 원 정도, 당일 여행의 경우 1회당 7만 5,000원 정도가 들었군요. 그래서 2011년 여행자들이 국내 관광 여행에 들인 비용의 총합은 40만 원이 조금 넘습니다.

국외 여행은 어느 정도로 할까

여러분도 국외로 여행을 가본 적이 있나요? 아니면 가고 싶은 곳으로 정해둔 나라가 있나요? 최근 국외 여행자가 급증했다는 소식이 여기저기서 들려옵니다.

우리나라는 아시아 대륙 끝의 반도 국가죠. 아시아 대륙은 아프리카 그리고 유럽과 연결되어 있습니다. 그런데 분단 상황으로 인해 우리는 외국 여행을 계획할 때 비행기나 배를 이용하여 국가의 경계를 넘어야 합니다. 그래서 우리의 국외 여행은 해외(海外) 여행이 되는군요.

해외 여행을 떠나려는 사람들로 공항이 매우 북적이는 모습입니다. 해외로 떠나는 사람들은 매년 늘어나고 있습니다.

8-4 표를 보니 2010년 7월 15일부터 약 1년 동안 해외를 다녀온 사람은 13세 이상 인구의 15.9%로, 그 전년도의 13.6%보다 2.3% 증가하였습니다.

이들의 여행 목적을 보면 관광이 72.1%, 업무가 18.7%, 가사는 12.9% 순이었습니다. 2009년에 비해 업무의 비율이 감소한 반면, 관광이나 가사 그리고 교육을 목적으로 여행한 비중은 증가하였습니다.

8-4 해외 여행 경험*

(단위: %, 회)

해외 여행자								
	관광	1인당 여행 횟수	가사	1인당 여행 횟수	업무	1인당 여행 횟수	교육	1인당 여행 횟수
2009**	13.6	71.5	1.4	12.2	1.9	22.5	2.6	5.2	1.1
2011***	15.9	72.1	1.4	12.9	2.2	18.7	2.7	6.9	1.4

* 복수 응답 ** 조사 대상이 15세 이상 *** 조사 대상이 13세 이상   자료: 통계청, 「사회조사보고서」 각 연도

8-5 2012년 월별 해외 여행 출국자 비율

(단위: %)

구분	1월	2월	3월	4월	5월	6월	7월	8월	9월	10월	11월	12월
월별 출국자 비율	8.7	8.4	7.4	7.4	8.0	8.1	9.5	9.7	7.7	8.4	8.1	8.5

자료: 한국관광공사(2013년), 국민해외관광객 주요 행선지 통계(관광 R&D센터, 2013년 7월)

　　해외 여행객들이 가장 많이 찾는 곳은 어디일까요? 한국관광공사의 2013년 통계 자료를 보면, 우리나라 국민들이 가장 많이 여행하는 곳은 '중국(29.6%)'이었습니다. 그 뒤를 이어 일본, 미국, 태국, 홍콩, 필리핀이 등 장했고요. 미국을 제외하고는 대부분 아시아권 국가들입니다. 거리가 가깝고 정서도 크게 다르지 않으니 적은 비용으로도 여행하기가 편해서일 가능성이 높습니다.

　　해외 여행의 경우 아무리 주말을 활용하더라도 휴가를 며칠 더 사용할 수밖에 없습니다. 그러니 실컷 여행을 할 수 있는 최적의 시기를 골라야 합니다. 그래서인지 가장 많은 사람들이 해외로 떠나는 시기는 주로 휴가가 있는 7월과 8월입니다. 위의 8-5 표를 봐도 열두 달 중에서 다

른 달의 경우에는 7~8% 수준으로 출국 비율이 비슷한데 7월과 8월에 는 각각 9.5%, 9.7%로 다른 달에 비해 조금 높은 편입니다.

그런데 다른 달에도 7~8%의 비율로 그 수치가 일정하게 유지되는 것 을 보면 평상시에도 시간을 내어 해외 여행을 하는 사람들이 많다는 것 을 알 수 있습니다. 주 5일 근무제로 인해 주말 무박 3일 여행을 하는 사 람들이 많아지고 있고 직장인의 경우 휴가를 당기거나 추석 등 공휴일 에 맞추어 여행하는 사람들이 늘고 있는 것도, 한 해 모든 시기에 고른 비율을 보이는 요인일 것입니다.

일부 사람들은 경제 상황도 나쁜데 해외 여행을 가는 것이 국부를 유 출하는 것이라고 비판합니다. 우리나라의 국제수지 중에서 해외 여행 등 으로 인한 적자 비율을 고려하면 일견 맞는 말입니다.

그러나 지구촌 속에서 다른 문화를 보며 우리를 새롭게 발견하는 해 외 여행의 장점도 생각해 주어야 합니다.

삶의 휴식, 혹은 삶의 재충전이라고 일컬어지는 여행. 앞서 살펴본 것 처럼 여행을 위한 첫걸음은 바로 마음을 먹는 일입니다. "언제 한 번 나 도……"라고 생각만 하는 데에 그치지 말고, 지금부터 우리가 가진 시간 과 돈을 조금씩 내어서 미래의 여행을 준비해 보는 건 어떨까요? 마음 맞는 가족이나 친구와 함께라면 더 좋을 것입니다.

◆ **관광 산업** 국내 또는 국외의 관광객을 흡수하기 위해 숙박·교통·오락·관람 등의 설비 를 갖추어 경제적 이익을 추구하는 것을 말한다. 3차 산업의 대표적인 형태로 국가 차원에 서뿐만 아니라 지방자치단체 차원에서도 관광객을 끌어들이기 위한 다양한 계획들을 실천 하고 있다. 볼거리가 풍성한 지방 축제가 다양해진 것도 이 덕분이다.

지구촌 곳곳에 한류 바람이 분다

키워드 한류, 프로도 경제, 문화 제국주의

우리 드라마와 대중가요로 이어졌던 한류에 대해 단기적이고 지엽적일 것이라는 회의적인 전망이 함께했다. 하지만 싸이의 〈강남 스타일〉을 시작으로 다시 한 번 케이팝이 뜨겁게 전 세계적으로 확산되고 있다. 이러한 한류의 경제적 규모와 그 영향을 구체적으로 살펴보자.

한류는 유튜브를 타고

2012년 가을, 가수 싸이의 노래 〈강남 스타일〉과 그의 '말춤'으로 지구촌이 들썩였습니다. 빌보드 차트 2위에 등극하며 세계적인 아이콘으로 떠오른 싸이는 그야말로 국제 가수가 되었죠. 그의 인기 비결을 두고 '유튜브'라는 뉴 미디어의 영향에 의한 것이라 보기도 하고, 다른 한편에서는 우리나라 대중문화의 저력이 발휘된 결과로 보기도 합니다.

어찌 되었든 〈강남 스타일〉 뮤직비디오가 전 세계 곳곳으로 빠르게 퍼져나가는 데 유튜브가 그 역할을 톡톡히 했다는 점은 분명합니다. 한

류에 대한 이야기를 본격적으로 하기 전에 먼저 이 유튜브부터 이야기해 볼까 합니다.

세계 최대의 동영상 공유 사이트인 유튜브는 2005년에 생겨났습니다. 비록 나이는 적지만 우리 일상에 미친 영향은 어마어마합니다.

《타임》지가 2006년 '올해의 인물'을 불특정 다수인 'you'로 선정한 데에도 불특정 다수가 공유할 수 있는 쌍방향 매체인 유튜브가 결정적인 영향을 끼쳤습니다.

《타임》지는 선정 이유로 "바로 '당신'이 정보화 시대를 지배하기 때문"이라고 설명했어요. 네티즌들이 단순히 인터넷 정보의 수신자가 아니라 적극적인 퍼블리즌으로 참여하며 디지털 민주주의라는 새로운 사회 현상을 만들어내는 데 기여한 공로를 인정한 거죠.

이러한 디지털 공간의 특성을 톡톡히 활용한 대표적인 문화 상품이 바로 우리나라의 대중음악인 케이팝(K-Pop)입니다. 초기 한류는 주로 드라마에서 시작되었는데 현재 한류의 정점은 케이팝입니다.

중국과 일본에서 케이팝이 붐을 일으키기 시작할 때만 해도 이렇게까지 성장할 것이라고 예상치 못했지만, 유튜브의 영향력에 힘입어 케이팝은 아시아를 비롯한 유럽과 아메리카 대륙까지 뻗어나가게 되었습니다. 현재의 인기로 볼 때 케이팝의 인기는 앞으로도 쉽게 식지 않을 것으로 보입니다.

날로 강력해지는 문화 콘텐츠의 힘

우리는 지식과 정보가 중심이 되는 세상에 살고 있습니다. 지식 정보 사회는 우리 삶의 다양한 측면을 바꾸고 있는데, 그중 경제 부문에 미치는 영향력은 상당합니다. 세계시장의 중심은 재화 위주의 구체적인 상품에서 보이지 않는 서비스로 재편되고 있습니다. 이런 시장의 변화 속에서 문화 콘텐츠는 핵심적인 역할을 담당하죠.

어린이들의 사랑을 한몸에 받는 '뽀로로' 역시 전 세계 캐릭터 시장에서 한류를 이끄는 대표적인 문화 콘텐츠입니다. 뽀로로의 가치는 과연 얼마 정도일까요?

서울산업통상진흥원이 2011년 시장 규모를 집계한 결과, 뽀로로의 브랜드 가치는 3,890억 원에 달했습니다. 같은 조사에서 '곰돌이 푸'(3,400억 원)를 훨씬 앞설 뿐 아니라 일본의 대표 캐릭터인 '헬로 키티'(4,000억 원)와 맞먹는 수준이죠.

시장가치와 상품 수익, 해외에서 벌어들이는 수입까지 포함할 경우 뽀로로가 창출하는 경제적 가치는 수조 원대에 이릅니다. 문화 콘텐츠가 중요한 이유는 소비자들의 직접적인 구매를 이끄는 가치를 창출하기 때문입니다.

한류의 주역인 음향·영상 분

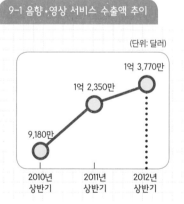

9-1 음향·영상 서비스 수출액 추이

(단위: 달러)

1억 3,770만

1억 2,350만

9,180만

| 2010년 상반기 | 2011년 상반기 | 2012년 상반기 |

자료: 한국은행(2012)

야의 콘텐츠는 해외에서 어느 정도로 소비되고 있을까요? 9-1 그래프를 보면 한국은행이 발표한 2012년 상반기 국제 서비스 수지 관련 통계에서, 2012년 1월부터 6월까지 우리나라의 음향·영상 콘텐츠 수출액은 1억 3,770만 달러(약 1,547억 원)였습니다. 이것은 한류의 경제적 가치를 통계로 내기 시작한 이후 최고치이자, 2011년 상반기와 비교해 11% 정도 증가한 액수입니다.

캐릭터, 음향과 영상 분야 외에도 한류의 힘을 느낄 수 있는 곳이 많습니다. 문화체육관광부와 한국콘텐츠진흥원이 발표한 『2011년 연간 콘텐츠 산업 동향 분석 보고서』에 따르면, 2011년 문화 콘텐츠 수출액 가운데 가장 큰 비중을 차지한 것은 게임 산업이었죠. 수출액 전체의 58.2%, 무려 2조 5,547억 원에 달합니다.

이러한 문화 콘텐츠는 주로 어느 나라에서 소비될까요? 9-2 그래프가 나타내는 2007년부터 2009년까지 우리나라 음악 산업의 수출액 비중을 살펴보면, 70% 정도를 차지한 일본이 가장 높습니다. 동남아시아와 중국이 큰 차이로 뒤를 잇고, 북미 대륙이나 유럽으로의 수출은 매우 미미한 비율을 보입니다.

최근의 조사 결과도 크게 달라지지 않았습니다. 문화 콘텐츠 산업의 수출액 비중을 보면 방송의 70%, 음악의 90%가 여전히 아시아 지역에서 소비됩니다. 싸이의 〈강남 스타일〉이 미국의 방송에 소개되고, JYJ가 남아메리카에서 공연을 한다 해도 콘텐츠들이 단시간에 소비자의 직접적인 구매로 이어지기는 어렵다는 것을 알 수 있군요.

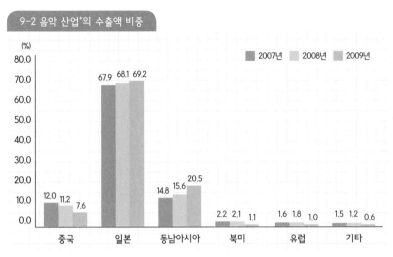

9-2 음악 산업*의 수출액 비중

	2007년	2008년	2009년
중국	12.0	11.2	7.6
일본	67.9	68.1	69.2
동남아시아	14.8	15.6	20.5
북미	2.2	2.1	1.1
유럽	1.6	1.8	1.0
기타	1.5	1.2	0.6

* 음악의 제작 및 출판, 음반 복제·배급 및 유통, 음악 공연 등을 포함   자료: 문화체육관광부, 『음악 산업 백서』(2010)

문화 콘텐츠가 가져오는 막대한 파생 효과

프로도 경제(Frodo Economy)*에 대해 들어본 적이 있나요? 영화 〈반지의 제왕〉의 주인공인 프로도의 이름에서 유래한 용어입니다.

〈반지의 제왕〉은 1~3편 모두 영화감독인 피터 잭슨의 고향, 뉴질랜드에서 촬영되었어요. 영화의 공간적 배경은 실재하지 않는 가상 세계이지만 관객들은 직접 촬영 장소를 보기를 원했고, 영화가 전 세계적으로 흥행하면서 뉴질랜드는 전 세계인이 가보고 싶은 나라 1위가 되었습니다. 경제 전문가들은 〈반지의 제왕〉으로 뉴질랜드의 영상 산업이 146%나 성장했고, 이에 따라 2만여 개의 일자리와 막대한 관광 수입이 창출되어 뉴질랜드 경제의 모습이 완전히 바뀌었다고 평가합니다.

이처럼 프로도 경제는 문화 콘텐츠로 인해 파생되는 경제 효과를 일컫는 말로, 문화 산업의 파급 효과가 얼마나 큰지를 단적으로 보여주는 예입니다.

우리나라의 문화 콘텐츠 가운데 프로도 경제에 대응하는 것에는 무엇이 있을까요? 2000년대 초반 드라마 〈겨울 연가〉가 아시아 지역에서 한류를 이끌었고, 〈대장금〉은 그 정점을 찍었습니다. 드라마를 본 외국인들은 배경음악이나 음식을 비롯해 주인공과 관련된 다양한 상품을 사고 싶어 했죠.

그리고 실제로 촬영지를 방문한 관광객들 덕분에 지역 경제는 활기를 띠었습니다. 따라서 우리의 경우 '겨울 연가 경제' 또는 '대장금 경제'라고 이름 붙일 수 있겠네요.

이처럼 한류 열풍에 휩싸여 우리나라를 찾는 관광객들의 방문 효과는 어느 정도일까요? 2012년 3월, 대한상공회의소에서 서비스·제조업 분야의 300개 회사를 대상으로 〈한류의 경제 효과와 우리 기업의 활용 실태〉를 조사했습니다.

9-3 표에서 보듯 결과는 매우 놀랍습니다. 82.8%가 '한류의 확산으로 우리나라와 우리 제품에 대한 우호적 이미지가 높아졌다'고 답변했습니다. 그리고 51.9%는 '한류 덕에 매출이 늘었다'고 답해 한류가 기업의 매출에 실질적 도움을 준 것으로 나타났죠.

한류 효과에 대해 긍정적인 의견을 보인 업종은 관광과 유통 등으로 서비스 업종의 비율이 높은 편이군요. 이외에 식품, 전자, 화장품 등 제조업에서도 어느 정도 효과가 있다고 밝혔습니다.

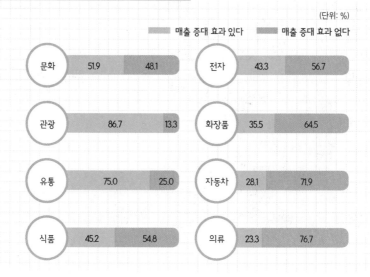

9-3 기업이 느끼는 한류의 매출 증대 효과

(단위: %)

■ 매출 증대 효과 있다　　■ 매출 증대 효과 없다

문화	51.9	48.1
관광	86.7	13.3
유통	75.0	25.0
식품	45.2	54.8

전자	43.3	56.7
화장품	35.5	64.5
자동차	28.1	71.9
의류	23.3	76.7

자료: 대한상공회의소(2012)

한류가 낳은 황금알의 명암

이러한 점들을 모두 종합해 생각하면, 한류를 비롯한 문화 콘텐츠 산업은 큰 자본이 없이도 엄청난 부가가치를 창출할 수 있다는 점에서 마치 '황금알을 낳는 거위' 같다는 생각이 듭니다. 동명의 동화 속에서 주인은 눈앞의 이익에 급급해 거위의 배를 갈라버렸지만 우리는 거위를 잘 키우는 방법에 관심을 두면 좋겠습니다. 국가 차원에서 한류 성장을 위한 정책을 적극적으로 펴고, 사람들은 한류가 지속되기를 바라죠.

그런데 이러한 문화 콘텐츠 산업을 고려할 때 한 가지 주의 깊게 살펴야 할 것이 있습니다. 바로 문화 제국주의 논란입니다. 근대화 이후 우리

프랑스 파리에서 열린 한류 스타의 공연을 보러 온 팬들의 환호하는 모습입니다. 한류에 대한 관심이 뜨거운 반면, 반한류 정서에 대한 우려의 목소리도 높아지고 있습니다.

는 미국의 문화를 수용했습니다. 자연스럽게 패션이나 음식 등 다양한 문화 파생 상품을 소비하기 시작했죠. 그 당시 일부에서는 이런 변화를 두고 우리의 고유한 문화와 전통을 소멸시킨다며 비판했습니다. 미국 문화의 제국주의적 침략으로 본 것이지요.

실제로 2차 세계대전 이후 패권을 장악한 미국은 과거 유럽의 식민지 정책에서와 같이 자신들의 문화를 반강제적으로 세계에 확산시키며 문화 제국주의라는 비판을 받았습니다.

반면에 한류의 초기 모습은 해외 국가에서 자발적으로 확산되었기에 그런 비판과 전혀 무관하다고 생각하는 사람들이 많습니다. 하지만 단순히 문화를 제공하는 측에서의 강제성이 없다고 해서 문화 제국주의 논란에서 자유로울 수는 없습니다.

최근 일부에서는 오직 경제적인 측면만 겨냥해 한류를 기획하고, 어떻게 경제적 파생 효과를 극대화할 것인가에 초점을 맞춘 정책만 제시하고 있습니다.

또 동남아시아에 부는 한류의 인기에 우월감을 느끼며 그들을 낮추어 보는 사람들도 있어 눈살을 찌푸리게 하죠. 한류에 대한 아시아인들의 열광은 당연시하면서, 유럽이나 북미 대륙에서의 인기는 대단히 놀랍게 여기는 이중적인 인식도 엿보입니다. 한류의 문화 제국주의적 측면이 드러나는 부분입니다.

혐한류와 반한류, 무엇이 문제일까

한류가 하나의 문화 현상으로 자리 잡은 가운데 '혐한류' 또는 '반한류' 정서에 대한 우려의 목소리도 높아지고 있습니다. 특히 자국의 문화는 우월하다 과시하고 다른 나라의 문화는 경시하고 폄하하는 한국인들로 인해 한류에 대한 혐오감이 증폭되고 있어요.

문화 관계 전문가들은 문화가 국가 정체성과 관련된 것이어서 타국의 문화에 침투당했다는 피해 의식을 일으킨다고 말해요. 다른 나라에서 유입된 문화를 즐기지 않는 사람들에겐 반발심이 생기게 마련인데, 여기에 정치적 이슈가 맞물리면서 감정이 폭발하게 되는 거죠.

문제점은 경제적인 면에서도 발견됩니다. 한류로 인한 경제적 수익이 커지면서 너도나도 상업적으로만 문화 측면에 접근하고 있는 탓도 커요. 지속 가능한 발전을 이루려면 일방적으로 우리의 콘텐츠만 판매하는 데 집중하기보다 우선 쌍방향으로 자연스럽게 문화를 교류하는 데 더욱 힘써야 합니다.

이로 인해 아시아 지역에서는 한류에 대한 반작용으로 혐한류나 반한류의 움직임이 나타나기도 하고요. 전문가들 사이에서는 한류가 우리나라의 문화 제국주의적 측면을 드러내는 것은 아닌지 성찰하려는 움직임이 있습니다. 그들은 반성이 없는 한류가 지속된다면 황금알 역시 더이상 얻기 힘들 것이라고 충고하죠.

이제 우리의 문화 콘텐츠와 관련 산업을 분명하게 이해하고, 한류의 전파를 어떻게 올바르게 바라봐야 할지 곰곰이 생각해 보아야 할 때입니다. 이러한 자세를 바탕으로 우리 문화의 고유성과 장점을 파악하고 키워나가야 할 것입니다. 이것이 바로 문화 제국주의*를 지양하면서 세계화 시대의 우리 문화에 힘을 불어넣는 지름길입니다.

◆ **프로도 경제** 반지의 제왕의 주인공인 프로도의 이름을 붙인 것으로, 영상 산업 등으로 인해 관광, 숙박 및 음식점 등의 새로운 고용효과가 창출되는 현상을 말한다.

◆ **문화 제국주의** 막강한 자본을 바탕으로 한 나라가 다른 나라에 대하여 문화적인 지배 활동을 확대하여 나가는 것으로, 제국주의의 한 유형이다.

10

100세 시대, 건강한 삶을 위한 자세

키워드 아침 식사, 운동, 음주, 흡연

'밤 11시에 잠자리에 들었더니 아침 7시에 절로 눈이 떠진다. 한껏 기지개를 켜고 방문을 열자, 부모님이 정성껏 준비해 주신 아침 식사가 눈에 들어온다. 도란도란 이야기를 나누며 밥을 먹고 학교로 향하는 발걸음이 가볍기만 하다. 학교를 마친 뒤에는 공원에서 한 시간 정도 운동을 한다.' 우리나라 청소년들이 이렇게 건강한 삶을 살아가는 것은 정말 불가능할까?

건강, 많이 알고 어설프게 알아 불안하다

우리는 평소 인터넷 등을 통해 자신의 건강과 관련한 정보를 쉽게 얻을 수 있습니다. 그러다 보니 스스로 의사가 되는 경우가 많죠. 그래서 병원에 가서도 "콧물이 나고요, 머리가 아파요"라고 자신의 아픈 증상을 이야기하기보다 "감기 같습니다"라며 자신의 병명을 말하죠.

건강 염려증이 있는 사람도 많습니다. 아는 게 병이라고, 여기저기서 많은 정보를 얻다 보니 스스로의 건강에 대해 불안해하지요. 조금만 어떤 증상이 나타나도 병에 걸린 것은 아닌지 호들갑을 떨게 되고요.

우리가 진정으로 건강한 삶을 살기 위해서는 무엇이 필요할까요? 그 조건을 우리는 얼마나 알고 있을까요?

건강한 삶을 위해 무엇을 하고 있을까

건강한 삶을 위한 가장 기본적이고도 중요한 습관은 바로 식사와 운동입니다. 우리나라 사람들의 식사 및 운동 습관은 어떤지 통계를 살펴봅시다. 10-1 그래프를 보면 우리나라 사람들이 건강한 생활을 위해 어떤 일들을 실천하는지 알 수 있습니다.

학교나 직장을 다니는 사람들이 유일하게 집 밥을 먹을 수 있는 끼니는 아침이지요. 하지만 각자 아침 식사를 챙기는 게 쉽지 않아졌습니다.

그래프 10-1에 의하면 2012년에 남자는 71.4%, 여자는 74.4%가 아침 식사를 한다고 답했습니다. 4명 중 3명꼴로 아침 식사를 하는 편입니다. 이러한 결과는 청소년들에게서도 비슷하게 나타나는데, 보건복지부의 〈청소년 보건 자료〉에 따르면 10대 청소년의 아침 식사 결식률*은 2008년에 26.0%에서 2011년 30.0%로 증가했습니다. 결식률이 늘기는 했으나 4명 중 3명꼴로 아침 식사는 하는 편입니다. 그리고 2012년 교육과학기술부의 〈학교건강검사 표본조사 결과〉에 따르면, 청소년 중 73.2%가 아침 식사를 하는 것으로 나타났습니다.

자, 그렇다면 운동은 얼마나 하고 있을까요? 과거에 비하여 움직임은 줄고 먹는 양이 많아진 현 인류의 운동 부족은 비만과 직결됩니다. 비만

122

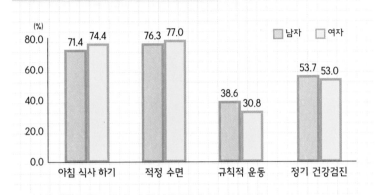

10-1 건강한 생활을 위해 일상에서 실천하는 것

(%)
80.0 — 71.4 74.4 — 76.3 77.0 — 남자 ▢여자

53.7 53.0

38.6 30.8

자료: 통계청(2012)

이야말로 모든 병의 근원이죠. 그러니 먹고 자는 것만큼이나 운동도 필수입니다. 과거 수렵 및 채집 시대에는 먹을 것을 구하기 위해 움직이는 것 자체가 운동이었지만, 지금은 먹은 것을 소화시키기 위해 특별히 시간을 내야 합니다.

역시 통계청 자료를 보면 남자의 경우 38.6%, 여자의 경우 30.8%, 즉 3명 중 1명 만이 규칙적으로 운동을 한다고 답했습니다. 3명 중 2명가량이 그렇지 않은 셈입니다. 청소년도 비슷해서, 2012년 교육과학기술부의 〈학교건강검사 표본조사 결과〉에 따르면 청소년 중 66.5%가 규칙적인 운동을 하지 않는다고 합니다.

이외에도 중요한 것들, 수면과 건강검진에 대한 통계도 살펴봅시다. 24시간 중 3분의 1인 8시간은 자야 하지만, 우리를 둘러싼 환경은 우리에게 8시간의 수면을 허락하지 않습니다. 2교대나 3교대 근무를 하거나 밤까지 일을 하면 자연히 수면 시간이 부족할 수밖에 없습니다. 청소년들도 미래를 위해 잠을 줄여서 공부를 하죠. 국민 4명 중 1명 정도는 적정 수면을 못 누리고 있습니다. 그나마 조사 대상 중에서 남자 76.3%, 여자 77% 정도는 적정 수면을 취한다고 하니 다행이라고 할까요.

과학기술의 발달로, 우리는 피 검사 하나만으로도 암을 예측할 수 있는 시대에 살고 있습니다. 그래서 요즘에는 단순히 잘 먹고 잘 자고 운동하는 것에서 그치는 것이 아니라 건강검진을 통해 관리하는 것도 중요하게 생각합니다. 국민건강보험 대상자의 경우 일정 연령이 되면 정기적으로 건강검진을 받아야 합니다. 그래서 많은 사람들이 편하게 정기적으로 건강검진을 받을 수 있습니다. 통계청 자료에 따르면 남녀 모두 53% 정도, 즉 2명 중에 1명은 정기검진을 받는다고 합니다.

담배, 꼼짝 마!

앞에서 제시한 아침 식사·적정 수면·규칙적인 운동·정기적인 건강검진 네 가지를 다 잘해도, 흡연을 한다면 건강을 지킬 수 없습니다. 흡연은 주변 사람들의 건강에도 나쁜 영향을 미치죠.

정부에서는 흡연이 단순히 개인의 건강 문제에서 그치는 것이 아니라고 보기에 담뱃값을 올려서라도 흡연율을 낮추겠다고 합니다. 흡연자는 담배가 커피처럼 기호 식품이며, 흡연이든 금연이든 개인이 선택할 문제라고 주장하면서 이에 반대합니다. 이 논쟁의 이면에는 '흡연이 정말로

매년 5월 31일은 세계보건기구에서 정한 '세계 금연의 날'입니다. 예멘의 어느 거리에 그려진 이 벽화가 흡연의 위험을 적나라하게 보여줍니다.

건강에 치명적인가'라는 문제 제기가 있습니다.

2006년 미국의 질병예방통제센터는 담배 한 갑으로 인해 건강에 문제가 생기면 이를 해결하기 위해 10.47달러의 사회적 비용이 든다고 발표했습니다. 우리나라의 경우도 2008년 한국보건사회연구원에서 흡연으로 인한 사회·경제적 비용(손실)이 연간 5조 6,000억 원이라고 분석한적이 있습니다. 그럼에도 일부 흡연자들은 나트륨을 과다 복용하는 것보다 흡연이 덜 해롭다며 정부의 담뱃값 인상은 세금 늘리기 정책이라고 비난하지요. 어찌 되었든 담배가 건강에 유익하다는 말은 찾아보기가 어렵군요.

그렇다면 우리나라의 흡연자 비율은 어떨까요? 우리나라는 오랜 기간

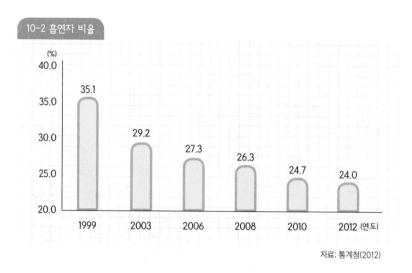

(%)
40.0

35.1
35.0

30.0　29.2

27.3
26.3
25.0　　　　　　　　24.7　24.0

20.0

1999　2003　2006　2008　2010　2012 (연도)

자료: 통계청(2012)

정부가 담배를 공급하기도 하고 규제하기도 했던 특이한 역사 때문인지, 다른 나라에 비해 금연 정책이 약하다는 이야기를 종종 듣습니다.

하지만 최근 들어서 정부의 금연 정책은 막강해지고 있습니다. 공공장소 등에서 금연을 강제하기에, 점점 흡연자들이 흡연 공간을 확보하기가 쉽지 않습니다. 그러다 보니, 표 10-2 〈흡연자 비율〉에서 보듯 1999년의 35.1%와 비교하여 2012년에는 24.0%가 흡연한다고 하여 비율이 많이 줄었습니다.

위 그래프를 보면, 약 2년 단위로 1%p 이상씩 흡연자 비율이 감소해 왔죠. 그런데 이 비율이 2010년과 2012년 사이에는 단지 0.7%p만이 줄었습니다. 이를 고려하면 앞으로도 흡연율이 감소는 하겠지만, 4명 중 1명이 흡연자인 현 상태가 장기간 유지될 가능성이 커 보입니다. 정부에서 말하는 것처럼 담배 가격을 올리면 이 상황이 달라질지도 모를 일이죠.

126

어찌 되었든 건강에도 나쁘다고 하고 그로 인한 사회적 비용도 많다는데, 왜 사람들은 금연을 하기가 어려울까요?

10-3 그래프를 보니 2012년 흡연자 중에서 절반 이상인 53.3%가 금연이 어려운 이유에 대하여 '스트레스 때문'이라고 응답했고, 37.2%는 '기존에 피우던 습관 때문에'라고 하였습니다. 이를 고려하면 담배를 못

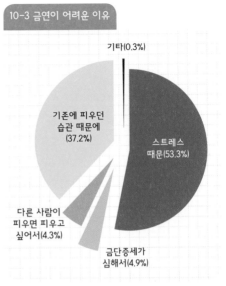

피우도록 강제하는 정책도 중요하지만, 사람들의 스트레스를 줄여주는 사회 환경을 만드는 것이 우선되어야 할 것 같습니다. 다른 나라보다 긴 노동시간, 나날이 상승하는 주택 가격과 비싼 교육비 등 서민들의 삶을 팍팍하게 하는 원인들을 해결해 더 이상 담배가 필요하지 않도록 말입니다.

술, 술술 넘어가면 문제가 된다

술을 대하는 우리의 문화는 담배를 바라볼 때와는 좀 다릅니다. 어른들과 같이 담배를 피우는 경우는 없지만, 술은 어른들과 함께 마시며 배

위야 한다고 하지요. 이렇게 우리나라는 술에 대해서 상당히 관대합니다. 근래에는 과중 처벌해야 한다는 이야기가 나오고 있지만, '술을 먹고 한 것'이라는 단서를 달면 상당히 많은 경우 형량이 감소될 정도죠.

사회적 허용치가 높아서인지 부정적 영향이 덜하다고 생각해서인지 몰라도, 술로 인한 사건들이 자주 일어남에도 불구하고 정부 차원의 금주 정책은 많이 나오지 않고 있습니다. 그래서 술을 마시는 사람의 비율이 담배를 피우는 사람의 비율보다 월등히 높습니다.

표 10-4에 나타난 2012년 한 해 20세 이상의 음주 비율은 69.3%로, 거의 4명 중 3명꼴로 술을 마시는 셈입니다. 연령별로 보면, 20대가 82.1%로 가장 많고 연령이 증가하면서 이 비율은 내려가서, 60세

10-4 연령별 음주 비율

자료: 통계청(2012)

이상의 경우 42.9%에 그칩니다.

담배만큼이나 술로 인한 사회적 비용이 큽니다. 음주로 인한 사회적 비용에 대하여 한국보건사회연구원에서는 18조 6,057억 원, 삼성경제연구소에서는 14조 5,000억 원이라고 분석하였는데, 이는 담배로 인한 사회적 비용의 3배 정도에 해당합니다. 술로 인한 싸움이나 폭행뿐만 아니라 음주 운전으로 발생하는 사회적 비용도 만만치 않기 때문입니다.

그럼에도 음주를 그만두지 못하는 이유는 무엇일까요? 담배와 마찬가지로 술을 못 끊는 사람들도 상당수는 '스트레스 때문(32.1%)'이라고 하였지만, 그보다 훨씬 많은 65.3%의 사람들이 술이 '사회생활에 필요해서'라고 하였습니다.

기본적으로 술을 인간관계 형성을 위한 수단으로 생각하는 우리 사회의 문화를 바꾸어야 음주와 그로 인해 파생되는 다양한 사회문제를 고칠 수 있을 것 같습니다.

건강한 사회는 어떤 사회일까

술, 담배 말고 건강한 사회를 위협하는 조건이 하나 더 있습니다. 바로 건강에서의 사회계층 차이입니다. 가구 소득을 5단계로 나눌 때 최저 소득 20%에 속하는 가구의 사망률이 최고 소득 20%에 속하는 가구에 비해 1.56배 더 높은 나라, 고등학교 졸업 이상의 학력인 사람에 비해 무학력인 사람의 사망률이 2.47배 더 높은 나라. 모두 대한민국에 관한 불편한 진실입니다.

2013년에 발표된 한국보건사회연구원의 〈우리나라 건강 형평성 현황 및 대책 보고서〉에 따르면, 사망률·자살 사망률·암 환자 생존율·청소년 흡연율 등의 건강지표는 소득이나 교육 등의 사회경제적 지위, 즉 계층과 밀접한 관련이 있는 것을 알 수 있습니다.

대표적인 예로 2010년 한 해 동안에 30~44세 남성의 경우, 교육 수준이 중졸 이하인 집단은 대졸 이상인 집단에 비해 사망률이 8.4배 높았고, 고졸은 대졸에 비해 사망률이 2.2배 높게 나타났습니다. 동일한 연령층의 여성의 경우, 대졸 이상인 집단에 비해 중졸 이하인 집단의 사망 위험이 1995년에 약 3.2배, 2005년에 7.3배, 2010년에 8.1배로 계속 상승하고 있어서 건강에서의 계층 불평등이 심화되는 모습을 보여줍니다.

또한 소득 수준이 암 환자의 생존율에도 영향을 미치는 것으로 나타났습니다. 소득 상위 20% 남성 암 환자의 5년 생존율은 37.8%로 하위 20%의 24%보다 13.8%p나 높았으며, 여성 암 환자 역시 최고 소득층과 최저 소득층의 5년 생존율이 8.5%p 차이가 났습니다.

이런 통계 수치를 보면 나 스스로 건강하고자 애써도 사회적으로 규정된 나의 계층 때문에 건강을 담보하기 어려운 시대가 되는 것은 아닌지 우려됩니다. 우리 모두 경제적 계층에 상관없이 누구나 건강할 권리를 누릴 수 있도록 초점을 맞추어야 할 것 같습니다.

◆ 결식률 끼니를 거르는 비율을 말하는 것으로, 일반적으로 아침 결식률에 초점을 두어 조사하는 경우가 많다. 우리나라 학생들의 경우, 0교시 수업이나 아침 자율학습을 받느라아침 식사를 제대로 하지 못한다는 주장이 나오면서 '0교시 없애기 운동'이 진행될 정도였다.

소크라테스와 정보 수집 방법 델파이 기법 vs. 빅 데이터

어느 날 소크라테스의 친구가 소크라테스에게 말했습니다.

"아테네에서 네가 제일 똑똑한 것 같아."

이 말에 소크라테스는 절대로 그렇지 않다고 했죠. 옥신각신하다가 그 친구는 신에게 묻겠다며 델포이 신전을 찾아갑니다. 그런데 신 역시 소크라테스가 가장 똑똑하다고 대답했습니다.

이에 소크라테스는 신탁이 잘못되었음을 증명하겠노라 마음먹었고 현자를 찾기 위해 길을 떠났습니다. 그리고 수많은 사람과 대화를 나누었죠. 오랜 기간 여행 끝에 그는 어떤 깨달음을 얻었을까요? '아, 내가 제일 똑똑하다. 나는 내가 무지하다는 것을 아는데, 다른 사람들은 그것을 모르는구나.'

그후 소크라테스는 델포이 신전에 새겨진 명구 '너 자신을 알라'라는 말을 온 세상 사람들이 깨닫게 하려고 노력했다고 합니다.

질문지 조사 방법 중에 '델파이 기법'이라는 것이 있습니다. 전문가 집단을 대상으로 미래를 예측하거나 중요한 정책을 결정할 때 주로 사용하는 방법입니다. 해당 분야에서 중요한 정보를 많이 알고 있는 핵심 인사들에게 질문지를 보내 설문하는 식으로 이루어지죠. 여기서 '델파이'라는 말은 앞의 델포이 신전에서 따온 말입니다. 신에게 신탁을 받듯이 전문가들에게서 의견을 얻는다는 의미입니다.

그런데 요즈음 전문가를 대신하는 새로운 것이 등장했습니다. 바로 빅 데이터 (big data)입니다. 말 그대로 빅 데이터란, 여러 사람들의 정보가 모인 겁니다. 일정한 시간이나 시스템 등을 통해 처리가 가능한 수준을 뛰어넘을 정도의 데이터예요. 통계적으로 보면 매우 큰 집단의 자료라고 볼 수 있습니다.

예를 들어볼까요? 의료보험공단을 통해 매년 정기검진을 받는 모든 사람의 정보는 빅 데이터가 됩니다. 이를 연령·성·지역별로 분석하여 대한민국에서 어떤 특성을 가진 집단이 건강한지, 흡연율이 높은지, 암에 잘 걸리는지 등 다양한 자료를 얻을 수 있습니다. 그리고 이를 바탕으로 대한민국 전체의 건강 및 보건에 관한 정책을 세울 수 있겠죠.

빅 데이터는 그리 멀리 있지 않습니다. 인터넷 포털 사이트에 접속하는 순간, 우리도 빅 데이터를 제공하게 되죠. 검색어 순위나 검색어 자동 완성 기능을 떠올려보면 이해가 되지요?

빅 데이터가 전문가가 가진 정보보다 더 중요한 이유는 모집단 자체가 커지면서, 그 집단의 특징을 통해 향후의 변화 양상을 파악할 수 있기 때문입니다. 그래서 빅 데이터를 가진 사람들이 그것을 악용하여 사회를 통제하게 되면 큰 문제가 되겠죠. 이것이 바로 빅 데이터를 이용하여 정보 독점을 꾀하는 '빅 브라더(big brother) 시대'를 걱정하는 이유이기도 합니다.

함께 읽으면 좋은 책들

06 초고속 인터넷이 바꾼 우리의 삶

데이빗 핀처, 〈소셜 네트워크〉(영화)

07 일할 권리와 쉴 권리, 어떻게 여가를 누릴까

울리히 슈나벨, 『휴식』, 걷는나무, 2011년
가토 다이조, 『청소년을 위한 마음 휴식법』, 새앙뿔, 2009년

08 우리는 얼마나 여행하는가

한국관광공사, 『이야기로 떠나는 우리나라』, 팩컴북스, 2012년

09 지구촌 곳곳에 한류 바람이 분다

진달용, 『문화제국주의의 재해석』, 커뮤니케이션북스, 2011년
매일경제 한류 본색 프로젝트 팀, 『한류 본색』, 매일경제신문사, 2012년

10 100세 시대, 건강한 삶을 위한 자세

김창엽, 『건강할 권리』, 후마니타스, 2013년
김기태, 『대한민국 건강 불평등 보고서』, 나눔의집, 2012년

3장

닫힌 사회에서
열린 사회로

사회계층과 세대 그리고 갈등

밥벌이는 고단하다,
일의 의미

키워드 일, 직업, 비정규직, 88만 원 세대

사람들은 일을 하며 마치 하나의 작품을 만들듯 자신의 인생을 완성해 간다. 그런 점에서 일은 우리 개인의 삶을 지탱해 주는 중요하고도 큰 틀이다. 그렇다면 우리 국민이 일을 선택할 때 가장 중요하게 생각하는 조건은 무엇이며, 일과 관련된 사회 문제에는 어떤 것들이 있을까? 이와 관련한 여러 통계를 살펴보면서 일이 주는 다양한 의미에 대해 알아보자.

현대인에게 '일'의 의미란

우리는 과거 어느 때보다 일에서 자유로운 환경에서 살아가고 있습니다. 원시시대, 그러니까 수렵과 채집을 하며 살던 시대에는 모든 일을 스스로 해야 먹고살 수 있었는데, 이제는 수많은 노동 대체 기계들이 곳곳에서 가사 등 인간의 일을 대신 해주고 있기 때문이죠.

그런데 과연 '과거에 비해 노동 시간이 파격적으로 줄었다'거나 '인간은 더 이상 먹고살기 위해서만 일하지 않는다'고 단언할 수 있을까요? 노동 대체 기계가 쏟아져 나오는 오늘날, '일'은 어떤 의미일까요?

직업을 선택할 때 가장 중요한 조건

일은 평생 해야 하는 개인의 과업입니다. 우리는 일을 하면서 경제적인 문제를 해결하고, 자신의 정체성을 형성하며, 사회적으로 공헌할 기회도 얻습니다. 대부분의 사람들에게 가족 외에 가장 오랜 인간관계를 맺게 하는 것 역시 직장 동료일 겁니다. 그만큼 우리 삶에서 일이란 매우 중요한 문제죠. 그렇다면 사람들은 직업을 선택할 때 어떤 조건을 중요하게 여길까요?

"물 좋고 정자 좋은 데가 있으랴"라는 속담처럼, 원하는 조건을 완벽하게 갖춘 삶을 누리기는 힘듭니다. 직장도 마찬가지죠. 적성과 흥미에 맞고 고소득이 보장되는 안정적인 일터를 찾기란 아주 어렵습니다. 그래서 우선순위를 잘 생각해야 해요. 직업을 선택할 때 '흥미와 적성' '수입' '안정성' 혹은 그 외의 것 중에서 어떤 가치를 우선하는 게 좋을까요?

이와 관련한 사회 조사 결과를 봅시다. 표 11-1 〈직업 선택 요인〉을 살펴보니 2011년 우리나라 사람들이 가장 선호하는 직업 선택의 요인은 바로 '수입'이었습니다. 그 비율은 전체의 38.3%로 2년 전에 비해 2%p가량 늘어났죠. 현대인이 생활하는 데에 필요한 수입을 제공해 주는 수단이 바로 일이기 때문일 거예요.

2011년의 자료에서 직업을 선택하는 기준은 수입(38.3%) 〉 안정성(29.2%) 〉 적성과 흥미(14.1%) 〉 발전성·장래성(6.0%) 〉 보람과 자아 성취(5.5%) 〉 명예와 명성(2.9%) 순이었습니다. 이것을 성별로 비교해 보아도 구체적인 비율이 조금씩 다를 뿐 그 순서는 대동소이합니다.

(단위: %)

	계	명예 명성	안정성	수입	적성 흥미	보람 자아성취	발전성 장래성	기타*
2009**	100	3.3	30.4	36.3	11.3	7.4	7.8	3.5
2011***	100	2.9	29.2	38.3	14.1	5.5	6.0	3.9
성별 남자	100	3.7	31.0	38.1	11.3	5.9	7.4	2.7
성별 여자	100	2.2	27.5	38.5	16.9	5.2	4.7	5.1
연령별 13~19세	100	4.3	17.5	24.5	39.4	6.5	6.1	1.9
연령별 20~29세	100	3.4	26.1	33.4	22.0	5.8	7.8	1.4

* '모르겠음' 포함 ** 15세 이상 인구 대상 *** 13세 이상 인구 대상

자료: 통계청(2011)

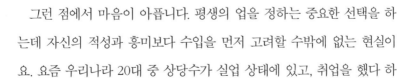

이 표에서 눈여겨볼 항목은 바로 연령별 비율입니다. 10대와 20대가 직업을 선택하는 기준이 확연히 다른 것을 확인할 수 있어요. 10대는 직업을 선택할 때 적성과 흥미(39.4%)를 우선적으로 고려하는 데 비해, 20대는 수입(33.4%)을 가장 중시합니다. 이는 아마도 직업별 소득 수준이나 삶을 유지하는 데 필요한 수입의 정도를 더 구체적으로 파악하는 데 있어, 20대와 10대의 현실감각이 다르기 때문일 겁니다.

그런 점에서 마음이 아픕니다. 평생의 업을 정하는 중요한 선택을 하는데 자신의 적성과 흥미보다 수입을 먼저 고려할 수밖에 없는 현실이요. 요즘 우리나라 20대 중 상당수가 실업 상태에 있고, 취업을 했다 하

더라도 비정규직*인 경우가 많아서 직업 선택에서 수입을 더 고려하는 것 같아 무척 안타깝습니다.

우리는 어디에서 일하고 싶어 하는가

청소년을 포함한 청년층을 대상으로 이들이 선호하는 직장 유형을 알아보았습니다. 그 결과 앞서 살펴본 직업 선택 기준에서 '수입'과 '안정성'이 중요한 기준으로 작용하는 세태를 반영하듯, 국가기관과 대기업, 공기업을 가장 선호하는 것으로 조사됐습니다.

표 11-2 〈청년층이 선호하는 직장〉에 대한 조사 결과를 봅시다. 2009년에는 국가기관 〉 공기업 〉 대기업 〉 전문직 기업 〉 자영업 〉 외국계 기업 순이었고 2011년에는 선호도가 조금 달라져 국가기관 〉 대기업 〉 공기업 〉 자영업 〉 전문직 기업 〉 외국계 기업 순으로 결과가 나타났습니다.

이 조사 결과만으로 단언하기는 어렵지만 국가기관에서 공무원으로 일하고 싶어 하는 대한민국 청년들의 바람은 앞으로도 그리 쉽게 변하지 않을 것 같습니다. 평생직장이 사라졌다고 말하는 시대에 그나마 정년을 보장해 주는 '안정성'과 꽤 괜찮은 '수입'을 함께 기대할 수 있다는 점에서 국가기관이 매력적인 직장이라는 것은 부인하기 힘듭니다.

그래서 오늘도 수많은 취업 준비생들은 치열한 경쟁을 뚫고 국가기관이나 대기업에 들어가기 위해 필요한 '스펙'*을 쌓으려 부단히 노력하고

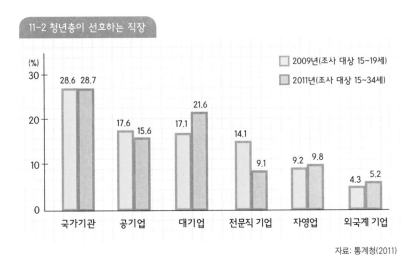

11-2 청년층이 선호하는 직장

(%)

■ 2009년(조사 대상 15~19세)
■ 2011년(조사 대상 15~34세)

30 — 28.6 28.7

21.6

20 — 17.6 15.6 17.1 14.1

10 — 9.1 9.2 9.8

4.3 5.2

0

국가기관   공기업   대기업   전문직 기업   자영업   외국계 기업

자료: 통계청(2011)

있습니다. 학교를 졸업하고도 여러 해 동안 일자리를 구하지 못하는 취업 재수생들을 주변에서 쉽게 찾아볼 수 있는 까닭도 바로 여기에 있습니다.

88만 원 세대, 비정규직의 시대

구직자들이 직장을 선택하는 데에는 '비정규직이냐 아니냐'라는 조건도 크게 작용합니다. 비정규직이란 계약직이나 임시직, 일용직처럼 근로 조건이나 고용 지속성 등을 보장받지 못하는 직위나 직무를 말합니다. 비정규직 근로자는 해고의 위험에 노출돼 있고, 근로 시간과 방식, 임금 수준 또한 정규직에 비해 더 나쁜 경우가 대부분이에요.

그래프 11-3을 보면 우리나라 비정규직 근로자 비율은 2002년에는 27.4%였습니다. 그러다 2004년의 37%를 정점으로 오르락내리락하며 최근에는 35% 전후의 비율을 유지하고 있죠. 이런 시대를 살아가는 청년 세대를 부르는 명칭이 있습니다. 바로 '88만 원 세대'예요.

이 말은 경제학자 우석훈과 사회운동가 박권일이 쓴 『88만 원 세대』라는 책에서 등장했습니다. 우리나라 20대 대부분이 비정규직으로 살아가는 상황과 책을 펴낼 당시 비정규직으로 취업한 사회 초년생의 첫 월급 평균액이 88만 원이었다는 데에서 유래한 것이죠. 비정규직은 고용 부분 전반에서 찾아볼 수 있지만, 특히 청년 신규 취업자에게서 더 많이 나타나는데 이런 시대 상황이 가슴 아픕니다.

최근 정부는 안정적인 공공 부문에서 비정규직 노동자들을 정규직

11-3 비정규직 근로자 비율

자료: 통계청(2011)

142

우리나라 비정규직 근로자의 비율은 35% 정도입니다. 이들은 정규직 근로자에 비해 근로 조건이나 임금 수준이 턱없이 낮은 차별 대우를 받는 경우가 많습니다.

혹은 정규직에 준하는 무기 계약직으로 전환하는 정책을 펼치고 시간제 정규직◆ 정책 도입 의사도 밝히고 있습니다. 또한 여러 기업이 이러한 정책에 동참하도록 요구하고 있습니다.

하지만 재정 지원이 많이 필요해서인지 잡음이 끊이지 않습니다. 2007년 7월부터 시행된 비정규직 보호법에 따르면, 비정규직 근로자가 2년 이상 일하면 고용주는 정규직으로 전환해 주어야 합니다. 그런데 이 법이 시행된 후 오히려 비정규직의 계약 기간이 더 단축되는 부작용이 숱하게 나타나는 실정입니다.

『88만 원 세대』의 저자들은 이런 문제를 해결하려면 청년들이 도서관이나 학원에 틀어박혀 취업 준비를 통해 스펙을 쌓는 대신 길거리로 나가 사회구조를 근본적으로 바꾸는 시도를 해야 한다고 말합니다.

그러나 현실은 자신을 희생하며 세상을 바꾸려 노력하기보다는 지금 당장 나부터 살고 봐야 한다는 사람들이 대부분이죠. 그래서 오늘도 여전히 도서관이나 학원은 바늘구멍 같은 취업문을 뚫기 위해 애쓰는 이 땅의 청년들로 북적이고 있습니다.

삼포 세대

'삼포 세대'라는 말을 들어본 적 있나요? 최근 취업난과 경제적 어려움이 맞물려 연애·결혼·육아를 포기하는 젊은이들을 가리키는 말입니다. 생활고로 인한 젊은이들의 심리적 스트레스가 고스란히 느껴지는 표현이죠. 결혼 자금이나 주택 마련 비용, 자녀 양육비 등 결혼해서 가정을 꾸리는 데에 이들이 느끼는 경제적 부담이 얼마나 큰지 실감할 수 있습니다. 요즘 2~30대가 겪는 문제점을 단적으로 드러내는 '삼포 세대' '88만 원 세대' '이태백(20대 태반이 백수)' 같은 표현이 더 이상 나오지 않는 건강한 사회로 얼른 회복되었으면 합니다.

여성의 취업과 맞벌이에 대한 인식 변화

여성의 취업에 대해서도 함께 생각해 봅시다. 과거에는 장래 희망란에 '전업주부'라고 쓰는 여학생들의 비율이 상당히 높았어요. 하지만 오늘날 여학생들은 대부분 직업을 가지고 일하고 싶어 하죠. 표 11-4의 2011년 조사 결과를 보면 여성이 직업을 가지는 것에 대해 '좋다'고 응답한 비율은

(단위: %)

	계	직업을 가지는 것이 좋다	직업을 가지는 것이 좋다						가정일에 전념하는 것이 더 중요하다	모르 겠다
			소계	결혼 전 까지만	첫 자녀 출산 전까지만	자녀 성장 후에	출산전과 자녀성장 후에	가정일에 관계없이 계속		
2009*	100	83.8	100	4.8	6.9	11.5	23.3	53.5	9.3	6.9
2011**	100	84.3	100	4.7	7.1	14.1	23.5	50.6	8.0	7.8
성별 남자	100	80.9	100	5.4	8.4	15.3	23.0	47.8	9.7	9.4
성별 여자	100	87.6	100	4.1	6.0	13.0	23.9	53.1	6.3	6.2

* 15세 이상 인구 대상   ** 13세 이상 인구 대상   자료: 통계청(2011)

84.3%로, 2009년과 비교해 그 비율이 조금 더 증가한 모습입니다. 성별로 나누어 보아도 남자(80.9%)에 비해 여자(87.6%)의 찬성 비율이 높습니다.

그런데 이처럼 여성 취업에 대한 긍정적 의견이 지배적임에도 전 생애에 걸쳐 '가정일에 관계없이' 여성의 사회생활을 지지하는 비율은 남자의 47.8%, 여자의 53.1%에 그쳤습니다. 이러한 결과는 자녀 출산 및 양육 문제가 여전히 여성의 몫이라는 인식에서 기인합니다.

그러나 20대 청년층으로 제한해 살펴보면 아마도 여성의 취업에 찬성하는 비율이 더 높을 겁니다. 이들이 결혼한 후 맞벌이를 선호할 확률도 매우 높을 거고요.

88만 원 세대는 고용의 불안정성으로 기본적인 삶을 영위하는 데조차 어려움을 겪는 경우가 많습니다. 그래서 이들에게는 결혼 자체도 큰 걱정이지만, 자녀를 낳아 기르는 문제는 경제적으로 더욱 큰 부담이 되기에 자연히 맞벌이를 원하게 되는 거죠.

결과적으로도 일하는 여성의 수는 예전에 비해 많이 증가했습니다. 여성의 지위가 상승하고, 개인의 능력을 개발하는 일이 중시되는 분위기 속에서 여성의 사회 진출이 늘어난 것이죠. 그리고 한 가지 더, '노동을 통한 수입이 있어야만 더 나은 삶을 살 수 있는' 삶의 여건 또한 원인으로 작용했다고 보아야 할 것입니다.

무엇을 위해 일할 것인가

자, 다시 정리해 볼까요? 현대사회는 원초적인 노동에서 벗어날 수 있는 대신, 노동의 종류는 셀 수 없이 많아지고 노동으로 얻는 대가의 수준 또한 천차만별인 세상이 되었습니다.

그렇다고 너무 허무해하진 마세요. 현대인들이 오로지 돈을 벌기 위해서만 일하는 것은 아니니까요. 앞서 이야기한 것처럼 인간은 일을 통해 자아 성취를 경험하고 사회 공헌을 할 수도 있으며, 인간관계를 맺기도 합니다. 앞으로 어떤 일을 하고 싶나요? 그 일을 통해 얼마나 소중하고 값진 것들을 얻을지 기대되지는 않나요?

◆ **비정규직** 일정기간 고용을 목적으로 계약된 상태로, 정규직과는 다른 대우를 받는다. 일반적으로 기간제 근로나 파트타임과 같은 단시간 근로, 파견 근로 등이 해당된다.

◆ **스펙** 영어 단어인 'specification'을 줄여서 부르는 표현으로, 직장을 구하는 사람들이 더 나은 조건을 만들기 위해서 얻는 학력·학점·토익 점수 따위를 합한 것을 이르는 말이다.

◆ **시간제 정규직** 시간제 근로자(파트 타임이나 단시간 근로자) 중에서 정규직과 같은 수준의 대우를 받는 경우를 말한다.

소득 수준은
점점 나아지고 있을까

키워드 사회계층, 사회이동, 절대적 빈곤, 상대적 빈곤

예나 지금이나 가난으로 인한 문제는 늘 존재했다. 누구나 경제적으로 풍요로운 인생을 살기 위해 노력하지만 여전히 스스로 잘살고 있다거나 잘사는 사회라고 느끼기 어렵다. 그 이유는 무엇일까? 빈곤 문제를 해결하려면 어떤 노력이 필요할까? 인간을 파멸로 이끄는 빚 독촉에서 부의 양극화 현상까지, 빈곤 문제를 살펴보자.

우리는 얼마나 부유해졌나

사회 전반적으로 보면 우리는 과거에 비해 훨씬 부유해졌습니다. 흑백 텔레비전이나 냉장고는 구경조차 하기 힘들었던 게 아주 먼 옛날 일인 것처럼 느껴지지요. 웬만하면 각종 가전제품을 비롯한 여러 가지 편리한 물건을 소유하며 다양한 여가를 누리는 수단도 아주 다채로워졌으니까요.

상상하기 어렵겠지만, 우리가 북한보다도 가난한 시절이 있었습니다. 1960년대에 우리나라 1인당 국민소득이 100달러가 안 되었으니 얼마나

가난했는지 짐작할 수 있을 거예요. 약 50여 년이 지난 2011년, 우리나라 1인당 국민소득은 2만 3,749달러에 달합니다.

'한강의 기적'*이라고 불릴 만큼 빠른 경제성장을 이룩한 비결은 무엇보다 우리 국민의 성실성이었습니다. 전쟁 중에도 천막학교를 세워 자녀들을 가르칠 정도로 교육에 힘썼던 이 땅의 수많은 부모님들이 있었기에 가능한 일이었죠. 특히 1980년대부터 2000년대까지 지속적으로 높은 경제성장률을 유지할 수 있었던 동력도 바로 고학력 노동자였습니다.

절대적 빈곤과 상대적 빈곤

전반적으로 국민 전체가 잘살게 되었으니 가난한 사람의 비율도 줄어들었겠죠? 이것은 절대적 빈곤율의 추이를 통해 확인할 수 있습니다. 절대적 빈곤율은 매년 국가에서 정하는 최저생계비 이하의 소득을 벌어들이는 가구의 비율을 의미합니다. 2012년, 4인 가구를 기준으로 한 최저생계비는 143만 9,413원이었어요.

표 12-1을 보세요. 절대적 빈곤율은 2003년 6.9%에서 매년 조금씩 감소하여 2011년에는 6.3%를 기록했습니다. 전체적으로 보면 절대적 빈곤 상태에 있는 사람들이 줄어들긴 했지만 아직도 우리나라 20가구 중 1가구는 여전히 먹고살기 힘들 정도로 소득이 낮다는 얘기입니다.

그리고 또 하나, 나머지 93.7%의 가구가 모두 가난에서 탈출했는지에 대해서는 좀더 생각을 해봐야 합니다. 가난은 단순히 먹고살기 어렵

(단위: %)

	2003	2004	2005	2006	2007	2008	2009	2010	2011
절대적 빈곤율	6.9	6.9	7.9	7.7	7.7	7.8	8.1	6.3	6.3
상대적 빈곤율	11.1	11.8	12.4	12.1	12.6	12.6	12.2	12.1	12.3

자료: 한국보건사회연구원(2013)『빈곤통계연보』, 통계청『가계동향조사』(각 연도)

다는 절대적 기준으로만 판단할 수 있
는 게 아니니까요. 옛말에 "사촌이 땅
을 사면 배가 아프다"라고 했을
정도로, 다른 사람과 비교하여
가난한 것도 사회적 동물인 인
간에게는 큰 아픔입니다. 다들 먹
고살기 힘들었던 시절의 가난과
달리, 모두가 풍족한 때에 나 홀로
느끼는 가난은 스스로를 더 비참하고 무력하게 만들 수 있기 때문이죠.

상대적 빈곤은 그 사회의 전반적인 소득분포에 따라 결정되기에 사회
마다 차이가 납니다. 우리나라는 중위 가구 소득을 중심으로 상대적 빈
곤을 파악합니다. 가구별로 1년 동안 벌어들인 소득에 따라 순서대로
줄을 세웠을 때 가운데에 있는 가구의 소득을 '중위 가구 소득'이라고
합니다. 가구 소득이 중위 가구 소득의 50% 미만인 계층을 상대적 빈
곤층이라고 하죠.

예를 들어 99가구가 사는 나라에서 각 가구를 소득 순으로 줄을 세

울 때, 한가운데 있는 50번째 가구의 소득이 300만 원이라고 합시다. 소득이 이 중위 가구 소득의 50%인 150만 원 수준에 못 미치는 가구를 상대적 빈곤층으로 구분하는 거죠.

일반적으로 소득 수준 분포의 차이가 클수록 상대적 빈곤율이 높은 사회입니다. 많이 버는 사람들과 그렇지 않은 사람들의 소득 차이가 점점 더 벌어지면 그만큼 상대적 빈곤 가구가 늘어나기 때문이죠. 99가구의 소득 수준이 비슷하다면 상대적 빈곤 가구가 거의 없을 수도 있습니다.

앞의 표 12-1을 보면 우리나라의 상대적 빈곤율은 2003년 11.1%에서 2011년 12.3%로 증가세에 있습니다. 늘어나는 상대적 빈곤율을 고려하면 이 기간에 절대적 빈곤율이 줄었다고 해서 우리 사회에서 가난한 사람이 점점 줄어들고 있다고 말할 수는 없습니다. 상대적 빈곤율이 높아지면 가난한 사람들과 부유한 사람들의 소득 격차가 더 크게 벌어지고, 결국 빈익빈 부익부 현상이 강화되는 결과를 가져오기 때문입니다.

풍요 속 신(新) 빈곤층

하우스 푸어(house poor)라는 말을 들어본 적 있나요? 하우스 푸어는 집을 소유하고 있지만 무리한 대출로 인한 이자를 부담하느라 빈곤하게 사는 사람들을 가리키는 말이에요. 일을 해도 소득이 충분하지 않아 가난에서 벗어나지 못하는 사람들을 뜻하는 워킹 푸어(working poor)에서 파생된 말이죠. 2011년에 현대경제연구원은 우리나라 1,070만 5,000가구 중 108만 4,000가구, 그러니까 열 집에 한 집이 하우스 푸어라는 분석을 내놓았습니다.

에듀 푸어(edu poor)란 자녀를 명문대에 보내려고 빚을 내서라도 좋은 교육 환경을 찾아다니고, 비싼 학원비를 감당하는 부모들을 가리키는 말이죠.

어느 대학가에서 집을 구하려 담벼락을 들여다보는 학생의 모습입니다. 하늘만큼 높은 집 값 때문에 결혼을 포기하거나 무리하게 대출을 받는 하우스 푸어들이 생겨난다고 합니다.

그런데 하우스 푸어와 에듀 푸어들은 노인이 되어서도 여전히 가난합니다. 그동안 빌린 대출금을 갚느라 안락한 노후를 준비하지 못하니까요. 이런 노인들을 가리켜 실버 푸어(silver poor)라고 해요. 2011년 기준 OECD 조사에 따르면, 우리나라의 노인 상대적 빈곤율은 45.1%에 달해 OECD 가입국 평균인 13.5%를 훨씬 웃도는 심각한 수준이라고 해요.

빈곤을 바라보는 시각의 차이

경제는 성장하고 다른 사람들의 소득은 매년 상승하는데 나의 소득만 제자리걸음이거나 적게 오르면 어떤 생각이 들까요? 소득 격차가 너무 크면 상대적으로 가난한 사회 구성원들이 자신의 능력을 생각하기보다 사회가 부를 공평하게 분배하지 않았기 때문에 자신이 가난할 수밖에 없다고 생각합니다. 노력에 비해 지나치게 적은 대가를 주는 사회구조에 강하게 반발하게 되죠.

사실 가난의 원인이 무엇인지 확실하게 답하기는 어렵습니다. 기능론자들은 그것을 능력 부족에 따른 결과라고 봅니다. 가난한 데에는 다 그만한 이유가 있다며, 개개인에게서 그 이유를 찾으려 하죠. 반대로 갈등론자들은 개인이 아무리 노력해도 가난에서 벗어날 수 없는 사회구조의 모순에서 그 원인을 찾습니다.

절대적 빈곤이 줄고 상대적 빈곤이 증가할수록 사람들은 가난의 원인을 기능론적 관점보다는 갈등론적 관점에서, 즉 사회구조적 문제에서 찾으려 합니다. 가난이 사회구조적 문제라면 그것은 어쩔 수 없이 대물림되고, 그로 인해 사회이동은 더욱 어려워진다는 점에서 심각합니다. 우리 사회가 더 이상 사회이동을 꿈꿀 수 없는 폐쇄적 사회*의 모습이 될까 우려됩니다.

사회이동 가능성에 대해서 사람들은 어떻게 평가할까

가난의 문제가 사회계층 문제와 꼭 일치하는 것은 아닙니다. 그런데 빈곤층이 늘어나면 사회계층 구조에서 하층 집단이 차지하는 비율이 높아지기에, 사회계층 구조와 사회이동에도 자연스레 영향을 미치게 됩니다. 상대적 빈곤율이 증가하는 사회에서 사람들은 사회이동에 대해

(단위: %)

	매우 높다	비교적 높다	비교적 낮다	매우 낮다	모르겠다	합계
세대 내 이동 가능성	2.1	26.7	42.9	15.9	12.5	100
세대 간 이동 가능성	4.0	37.7	33.4	9.6	15.4	100

자료: 통계청(2011)

어떤 생각을 가지고 있을까요?

먼저 사회이동이 본인 세대 안에서 일어나는 경우를 세대 내 이동, 다음 세대에게서 일어나면 세대 간 이동이라고 합니다. 그리고 그 이동이 현재보다 아래 계층으로 내려가면 하강 이동, 위의 계층으로 올라가면 상승 이동이라고 합니다.

표 12-3은 2011년 우리나라 국민들이 세대 내 이동과 세대 간 이동 가능성에 대해 어떻게 생각하는지를 조사한 것입니다. 이동 가능성 자체에 대한 질문이어서 그 진의를 정확히 파악하기 어렵지만, 대부분의 사람들은 상승 이동의 가능성으로 간주하고 응답했을 것으로 보입니다.

조사 결과, 본인의 세대에서 사회이동이 일어날 가능성에 대해 '매우 높다'와 '비교적 높다'를 포함하여 높다고 기대하는 비율은 28.8%인 반면, '비교적 낮다'와 '매우 낮다'를 포함하여 낮다고 기대하는 비율은 58.8%로 높게 나타났습니다.

이처럼 사회이동에 대한 기대감이 낮아지는 현상은 우리 사회의 계층 고착화* 문제와도 맞닿아 있습니다. 특히 빈곤층의 경우 이러한 현상이 더 강할 것입니다.

그렇다면 우리 국민들은 세대 간 이동 가능성은 어떻게 보고 있을까요? 다음 세대에 이동이 일어날 가능성이 '매우 높다'와 '비교적 높다'를 포함하여 높다고 기대하는 비율은 41.7%, '비교적 낮다'와 '매우 낮다'를 포함하여 낮다고 기대하는 비율은 43%입니다. 큰 차이는 없지만 자녀 세대의 계층 이동 가능성에 회의적인 비율이 조금 더 높다는 것을 알 수 있습니다.

사람들은 자녀가 자신보다 더 높은 계층으로 이동하기를 바랍니다. 그런 기대를 현실로 만들려면 우리 사회는 어떻게 변해야 할까요? 무엇보다 가난이 대물림되는 현상이나 계층이 고착화되지 않도록 적극적으로 노력해야 합니다. 경제성장의 열매를 모두가 같이 따 먹을 수 있도록, 그래서 빈곤율을 줄여나갈 수 있도록 국가 또한 제도적으로 지원해야 할 것입니다.

가난은 나라님도 구제하기 어렵다고 하지만, 그렇게 되어야만 우리가 꿈을 꾸고 이루며 살아갈 수 있을 테니까요.

◆ **한강의 기적** 6·25 이후 반세기에 이르는 급격한 경제성장을 나타내는 상징적인 용어. 2차 세계대전 이후 이루어진 눈부신 서독의 경제적 발전을 이르는 말인 '라인 강의 기적'에 빗댄 말이다.

◆ **폐쇄적 사회** 신분이나 계층이 고정되어 있어서 다른 신분이나 계층으로의 이동이 자유롭지 못한 사회이다. 민주주의 사회는 대부분 개방적 사회이며, 계층 대물림 현상이 많다고 해서 반드시 폐쇄적 사회인 것은 아니다. 그렇지만 계층 대물림 현상이 대다수 구성원에게 지속적으로 나타나면 폐쇄적 사회의 특징이 나타날 수 있다.

◆ **계층 고착화** 자녀의 계층이 부모의 계층을 그대로 이어받아 사회이동이 어렵게 되는 현상을 뜻하는 표현으로 계층 대물림이라는 표현도 같이 사용한다.

13

베이비 부머와
에코 세대의 삶

키워드 베이비 붐, 에코 세대, 노후 문제

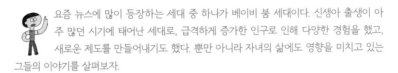

요즘 뉴스에 많이 등장하는 세대 중 하나가 베이비 붐 세대이다. 신생아 출생이 아주 많던 시기에 태어난 세대로, 급격하게 증가한 인구로 인해 다양한 경험을 했고, 새로운 제도를 만들어내기도 했다. 뿐만 아니라 자녀의 삶에도 영향을 미치고 있는 그들의 이야기를 살펴보자.

베이비 붐 세대와 에코 세대

식물이든, 동물이든 다음 세대를 생산하는 일은 종의 영속을 위해 매우 중요합니다. 그런데 인간에게는 다음 세대를 생산하는 일이 어려워지는 때가 있었죠. 대표적으로 전쟁 시기이죠. 20세기에 인류는 두 차례 세계대전을 경험했고, 우리나라는 세계대전과 더불어 6·25전쟁도 경험했습니다.

전쟁이 끝난 뒤에 평화가 오면 출산율이 급격하게 증가합니다. 이런 현상을 가리켜 베이비 붐(baby boom)이라고 합니다. 베이비 붐 시기에 태어난 사람들을 '베이비 부머(baby boomer)'라고 부르죠. 그리고 그들의 자녀를 '에코(echo) 베이비 부머', 줄여서 '에코 세대'라고 말합니다.

우리나라는 6·25전쟁이 끝나고 2년 뒤인 1955년부터 출산율이 급격히 높아지기 시작했습니다. 이런 현상은 1963년까지 이어졌죠. 우리나라의 베이비 붐은 2차 세계대전(1939~1945년) 이후 베이비 붐이 발생했던 다른 나라에 비해 10여 년 늦은 셈이군요.

표 13-1을 살펴보니 이제 60대로 진입하기 시작한 우리나라 베이비 부머들은 2010년 전체 인구의 14.5%를 차지합니다. 남녀의 성비는 큰 차이가 없군요.

에코 세대라 불리는 베이비 부머의 자녀들은 보통 1979~1992년에 출생했습니다. 이들은 부모 세대가 일군 경제성장의 바탕 위에서 경제적 여유를 누리며 자랐습니다. 〈응답하라 1997〉 같은 드라마에서 알 수 있듯 에코 세대는 기성세대와 달리 낙천적이면서도 즐거운 삶을 추구합니다. 그래서 이들에게 '신인류·X세대·Y세대'라는 이름이 붙여지기도 했죠.

13-1 베이비 부머와 에코 세대의 인구 구성*

(단위: 1,000명, %)

구분	내국인 전체 인구	구성비	베이비 부머	구성비	에코 세대	구성비
계	47,991(100.0)	100.0	6,950(14.5)	100.0	9,535(19.9)	100.0
남자	23,841(100.0)	49.7	3,462(14.5)	49.8	4,947(20.8)	51.9
여자	24,150(100.0)	50.3	3,488(14.4)	50.2	4,588(19.0)	48.1
성비	98.7		99.3		107.8	

* 2010년 11월 1일에 실시된 인구주택총조사 결과를 이용해서 2012년에 분석한 자료   자료: 통계청(2012)

에코 세대는 2010년 전체 인구의 19.9%를 차지합니다. 그런데 부모 세대와 달리 남자의 비율이 더 높습니다. 성비에 대해서는 뒤에서 자세히 이야기해 봅시다.

베이비 부머로 인한 교육제도의 변화

베이비 부머 세대의 맏이 격인 1955년생이 초등학교에 입학할 즈음 초등학교 의무교육제가 도입되었습니다. 이에 따라 여성들도 교육을 받을 수 있는 기반이 마련되었어요.

그리고 도시 인구가 증가하는 등 여러 요인이 맞물려, 도시의 학교에서는 학생들을 수용할 교실이 부족했습니다. 급기야 한 교실을 두 학급이 함께 사용하는 2부제 수업이 등장했죠. 1부 수업을 받는 학급이 오전에 수업을 마치면, 2부 수업을 받는 학생들이 오후에 와서 교실을 사용했습니다.

그래서 이들이 중학교에 진학할 시점이 되자 새로운 문제가 등장했습니다. 입시 경쟁이 너무 심해진 거죠. 결국 1969년 서울에서부터 입학시험을 폐지하고 무시험 추첨제로 중학교를 배정하기 시작했습니다.

고등학교에 진학할 때도 입시 경쟁이 치열했겠죠? 그래서 1974년에 고등학교 평준화 정책이 시행됩니다. 그러니 1958년생들은 이 정책의 첫 수혜자인 셈이죠.

이처럼 베이비 부머들은 제도의 변화 덕분에 이전 세대와 달리 경쟁

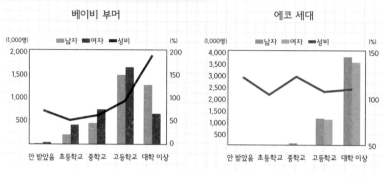

베이비 부머

(1,000명) ■남자 ■여자 ■성비 (%)

에코 세대

(1,000명) ■남자 ■여자 ■성비 (%)

자료: 통계청(2012)

이 완화된 상태에서 고등학교 학력을 갖게 됩니다. 그래프 13-2에 드러
난 베이비 부머의 교육 정도를 보면 고등학교 졸업(44.7%)이 가장 많고,
중학교 17.3%, 대학교(4년제) 15.8% 순이에요. 성별로 보면 대학 이상의
경우엔 여자가 남자의 절반 정도에 그쳐서 남녀 차가 많이 나는 것을 느
낄 수 있습니다.

중학교까지 의무교육이 적용된 에코 세대의 학력은 부모 세대보다 높
습니다. 교육을 통해 사회이동이 가능했던 부모 세대들이 그 어떤 것보
다 자녀 교육을 가장 최우선시한 탓도 크죠.

에코 세대의 학력은 4년제 대학교가 45.5%(434만 명)로 가장 많으며,
대학(4년제 미만) 26.8%, 고등학교 23.3% 순으로 나타났습니다. 더불어
자녀 교육에 성차별을 두지 않는 부모를 둔 에코 세대의 경우, 대학(4
년제 미만)과 대학원 석사 과정에서는 남성보다 여성의 비율이 더 높습
니다.

베이비 부머와 에코 세대의 배우자 찾기

베이비 부머가 결혼할 당시에는 여성이 자신보다 서너 살 많은 남자와 결혼하는 것이 보편적이었습니다. 하지만 베이비 붐 세대 초기에 태어난 여성은 자신보다 서너 살 많은 남성이 부족해 배우자감을 찾기가 어려웠죠.

반면에 베이비 붐 세대 후반에 해당하는 1960년대에 태어난 남성은 서너 살 어린 여성이 부족해 배우자감을 찾지 못하는 어려움에 직면했어요. 베이비 붐 이후 출산율이 줄어든 탓이죠.

1950년대 후반에 태어나 배우자를 찾지 못한 여성들은 '올드미스'라는 말을 처음으로 듣게 됩니다. 그리고 1960년대 초반에 태어난 남성들 중 농촌 총각들은 혼기가 되어서도 신붓감이 부족한 현상을 경험합니다. 이들의 결혼 문제는 사회문제로 발전했고, 결국 국제결혼을 대안으로 받아들이면서 '결혼 이민 여성'과 '다문화 가정 자녀들'이라는 새로운 집단이 만들어졌습니다.

에코 세대의 결혼은 어떨까요? 에코 세대는 이제 막 결혼하거나 결혼을 준비하는 시점에 와 있습니다. 에코 세대의 전체의 성비는 107.8이라

13-3 에코 세대의 출생 연도별 성비														
연도	1979	1980	1981	1982	1983	1984	1985	1986	1987	1988	1989	1990	1991	1992
출생 성비	101.8	101.7	103.1	102.4	103.1	104.9	106.5	108.5	109.5	112.9	118.1	119.0	113.6	112.3

자료: 통계청(2012)

연도		2000	2010	2020	2030	2040
20~34세 인구	전체	12,455,017	10,662,255	9,556,977	7,593,326	5,878,936
	남자	6,398,653	5,540,192	5,064,686	3,982,999	3,058,024
	여자	6,056,364	5,122,063	4,492,291	3,613,326	2,820,912
	남녀 차이	342,289	418,129	572,395	369,673	237,112

(단위: 명)

자료: 통계청(2008)

서 남성들이 배우자를 찾는 데 상당한 어려움이 있겠네요.

표 13-3 〈에코 세대의 출생 연도별 성비〉를 보면, 1985년 이후에 남아 선호가 두드러짐을 알 수 있습니다. 보통 정상적인 성비는 104~106인데, 그 이상으로 나타나서 남아의 출생 비율이 높았죠.

표 13-4를 보면 알 수 있듯이 전문가들은 에코 세대가 결혼하기 시작한 2010년에는 여성보다 남성의 수가 40만 명 이상 더 많았다고 분석했습니다. 그런데 2020년이 되면 남성의 수가 여성보다 약 57만 명 더 많을 것으로 예측하여 에코 세대의 막내들은 신붓감 부족 현상을 더 심각하게 경험할 것입니다.

여성의 학력이 높아지고 경제활동이 활발해지면서, 꼭 결혼을 해야 한다고 생각하는 여성의 비율이 줄어든 점을 감안하면, 에코 세대 남성이 배우자를 구하는 일은 더 어려울 수밖에 없습니다. 그래서 베이비 부머의 아들들도 부모가 겪었던 '배우자 구하기의 어려움'을 경험할 가능성이 높습니다.

베이비 부머, 부모와 자녀 사이에 끼다

전쟁이 끝난 뒤에 태어난 터라 경제적으로 넉넉하게 자라지 못한 베이비 붐 세대가 자녀를 낳을 때는 '둘만 낳아 잘 키우자'라는 표어가 울려 퍼지던 시기였습니다. 그래서인지 이들은 표 13-5에서 보듯이 평균 2명의 자녀를 키우고 있죠. 이에 비해 에코 세대의 자녀 수는 대부분 1명입니다.

보통 3~4명의 형제자매가 있는 베이비 부머들은 둘만 낳아 잘 키우자는 말 그대로 자녀들 교육에 성차별을 두지 않았습니다. 최선을 다해 대학 교육까지 시켰죠.

베이비 부머들이 짊어진 짐은 자녀 교육 문제뿐만이 아닙니다. 사회복지 제도가 잘 갖추어지지 않았던 시기에 부모를 봉양하는 책임까지 떠안게 됐죠. 베이비 부머가 한창 직장 생활을 할 당시에는 완전고용이 가능한 시대여서 경제적으로 큰 어려움이 없었지만, 부모를 봉양하고 자녀

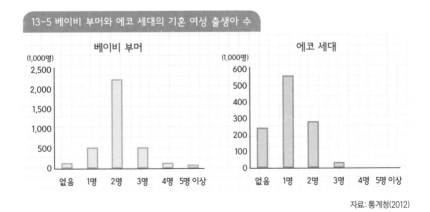

13-5 베이비 부머와 에코 세대의 기혼 여성 출생아 수

자료: 통계청(2012)

교육에 매진하느라 자신의 노후는 생각할 틈이 없었습니다.

우리보다 베이비 붐이 10년 앞섰던 유럽이나 일본의 경우, 노인 연금 등 사회보장제도가 미리 갖추어져 있어 그들이 노후를 준비하는 데 큰 어려움이 없었습니다. 우리나라처럼 사교육비 부담도 크지도 않았지요.

부모 봉양을 당연하게 여겼던 베이비 부머들은 자녀의 봉양을 받기가 힘들 것 같습니다. 에코 세대는 '삼포 세대'라고 불릴 정도로 경제적 어려움에 처해 있기 때문이죠.

그래서 에코 세대는 부모와 함께 살아가려는 모습을 보입니다. 취업을 해도 자신의 몸 하나 건사하기 어려우니, 독립은 꿈도 못 꿀 일이죠. 어찌 보면 에코 세대가 '캥거루'처럼 부모님 옆에 있는 것은 살아남기 위한 최선의 방법일지도 모릅니다.

에코 세대 문제는 우리나라에서만 발생하는 일이 아닙니다. 프랑스의 '탕기(tanguy)'◆ 이탈리아의 '맘모네(mammone)'◆ 영국의 '키퍼스(kippers)'◆ 독일의 '네스트호커(nesthocker)'◆ 등 나라마다 에코 세대를 부르는 명칭이 있는 것만 봐도 전 세계가 비슷한 처지에 처해 있음을 알 수 있습니다.

162

신용 불량자가 될 위기에 처한 베이비 부머

은퇴를 맞은 베이비 부머들이 자영업으로 몰리면서 50대 자영업자들의 가계 부채가 크게 늘고 있습니다. 2008년 이후 3년 동안 가계 대출은 200조 원가량 늘었는데, 이 증가액의 절반 이상을 50대와 자영업자들이 차지합니다.

한국개발연구원(KDI)은 우리나라 가계 부채는 대부분 만기가 짧은 대출로 구성되어 있어, 금융회사가 만기를 연장해 주지 않거나 추가로 대출해 주지 않을 경우 많은 베이비 부머들이 심각한 신용 위험에 빠질 수 있다고 경고합니다.

게다가 2011년에만 자영업자가 15만 명 정도 늘면서 경쟁이 더욱 심화된 데다, 소비 심리마저 살아날 기미가 보이지 않아 베이비 부머의 창업은 실패로 끝날 가능성이 더욱 높아지고 있습니다.

베이비 부머와 에코 세대가 모두 행복한 세상

모든 베이비 부머들이 노후에 대한 대책이 없는 것은 아닙니다. 3~40대에 경제적 기반을 다지고 연금도 확보한 베이비 부머들도 있지요. 선진국은 이미 베이비 부머들을 위한 다양한 서비스 산업이 발달했어요. 최근 우리나라도 베이비 부머의 소비력을 고려한 기업들이 이들을 주요 고객으로 잡기 위해 분주하게 움직이고 있습니다.

베이비 부머의 정년을 연장하려는 움직임도 있습니다. 타협점으로 '임금 피크제' 논의도 시작되었어요. 임금 피크제는 일정 연령이 되면 임금을 삭감하는 대신 정년을 연장하는 제도입니다.

은퇴 후의 삶을 준비하는 베이비 부머들의 모습입니다. 각 지방자치단체 등에서는 이들을 위한 일자리를 창출하고 평생교육을 확대하기 위해 노력하고 있습니다.

일각에서는 베이비 부머의 정년이 연장되면 그들의 자녀인 에코 세대와 일자리를 놓고 경쟁하게 되므로 새로운 세대 갈등을 일으킨다며 비판하기도 합니다. 하지만 대부분의 전문가들은 베이비 부머와 에코 세대의 일자리 분야가 달라 큰 문제가 없을 것이라고 말하죠.

어쨌든 베이비 부머의 노후 문제를 해결하려는 시도 때문에 에코 세대의 삶이 위협받아서도 안 되겠죠. 베이비 부머와 에코 세대가 더불어 행복하려면 새로운 성장 동력을 찾아서 일자리를 늘려야 해요. 하루빨리 베이비 부머와 에코 세대가 행복하게 공존할 수 있는 지혜를 찾아야 합니다.

◆ **탕기** 서른을 훌쩍 넘기고도 부모에게 기대어 한심하게 살아가는 주인공을 다룬 영화 〈탕기〉에서 유래한 말이다.

◆ **맘모네** 엄마가 해주는 음식에 집착하는 성인 남성, 일명 '마마보이'를 말한다.

◆ **키퍼스** 영국에서는 대학 졸업 후 부모와 함께 사는 젊은이를 '부모의 노후 자금을 갉아 먹는 자녀들(Kids in Parent's Pockets Eroding Retirement Savings)'이라고 하는데, 이를 줄인 말이다.

◆ **네스트호커** 둥지에 웅크린 사람을 뜻하는 말로 성인이 되어서도 부모의 집에 눌러앉은 자녀.

164

14

더 이상 개천에서 용이 나지 않는 사회

키워드 사교육비, 계층 문제, 사회 자본

 부모들이 공부를 강조하는 이유는 좋은 성적이 사회적으로 성공하는 데 중요한 요인이라고 생각하기 때문이다. 그래서 없는 돈에 빚을 내어서라도 사교육을 시킨다. 아직도 우리 사회에서는 공부를 잘하면 사회적으로 성공할 가능성이 남아 있을까?

조선 시대부터 시작된 과외의 역사

사교육은 공교육과 대비되는 개념입니다. 제도권의 학교 교육과 구별되는 것이죠. 사교육의 시작은 '과외'라고 볼 수 있는데 사실 과외는 조선 시대에도 존재했어요. 조선 후기로 접어들면서 서민들도 자녀를 서당에 보내기 시작했습니다. 일부 양반들은 자식들이 서민층 아이들과 함께 공부하는 것을 원하지 않았죠. 그래서 그들은 저명한 학자를 독선생으로 붙여 과외를 시켰습니다.

과거 시험을 앞두고는 족집게 과외도 성행했어요. 이처럼 사교육은 역사가 깊을뿐더러, 태생부터 계층 문제와 관련이 깊습니다.

사교육이 본격화된 건 베이비 붐 세대의 중학교 진학과 궤적을 같이 합니다. 베이비 부머들이 중학교에 입학할 시기에는 입학시험을 통과해야 소위 일류 중학교에 다닐 수 있었습니다. 부모들은 '일류 중학교에 입학해야 인생이 달라진다'는 신념을 가지고 있었고요. 그러다 보니 일류 중학교에 들어가기 위한 과외 열풍이 휘몰아쳤습니다.

이 분위기는 중학교 무(無)시험 입학을 제도화시키면서 완화되었지만, 다시 고등학교·대학교 입시 준비를 위한 과외로 이어졌어요. 급기야 1980년에는 정부가 '과외 금지 조치'를 시행하면서 과외 및 입시 목적의 학원 수강이 금지됐습니다. 1986년에 대법원이 "지식을 교습하는 행위는 반(反)사회적이거나 반국가적인 불법한 내용이 아닌 한 제한할 수 없다"는 판결을 내렸지만, 정부는 사교육의 문을 조금씩만 열어주었습니다.

1989년에 이르러 대학생의 방문 과외가 허용되었고, 방학 동안 재학생의 학원 수강도 허용되었습니다. 1990년대에는 EBS 등 국가 차원의 사교육도 시작됐죠. 하지만 여전히 전문적인 고액 과외는 허용되지 않았습니다. 이러한 분위기 속에서 1997년 서울지방검찰청은 전국에 있는 1,500여 명의 고액 과외 관련자를 구속하는 사건이 일어나기도 했죠.

드디어 2000년 4월, 헌법재판소가 '과외 금지는 위헌'이라는 판결을 내리면서 지하에 숨어 있던 다양한 형태의 사교육이 지상으로 등장하기 시작했습니다. 서울 강남 지역을 시작으로 전국에 입시 전문 학원이 나타났고 인터넷 강의나 개인 과외 등이 새로운 시장을 형성했습니다.

이것과 관련한 재미있는 사실이 한 가지 있습니다. 이렇게 우후죽순으

학원에서 발레 수업을 듣는 아이들의 모습입니다. 교과 학습에서 예체능까지 사교육의 범위는 매우 넓습니다. 통계를 보면 우리나라 초등학생 10명 중 8명이 사교육을 받는다고 합니다.

로 생겨난 사교육 기관의 운영자들 대부분이 베이비 부머와 그 후속 세대인 386세대라는 점입니다. 그리고 사교육 기관에 다니는 학생들은 그들의 자녀인 에코 세대였죠. 과외 열풍 속에서 살아온 베이비 부머들이 자신들이 경험했던 사교육을 자녀들에게 그대로 물려준 셈입니다.

어떤 사교육을 가장 많이 할까

지금의 사교육은 어떤 모습일까요? 개인 과외·그룹 과외·학원 수강·방문 학습지·인터넷 강의 등 사교육은 다양한 형태로 존재합니다. 표 14-1에

14-1 사교육 참여율 추이						(단위: %)
연도	2008	2009	2010	2011	2012	증감 차 (2012-2008)
전체	75.1	75.0	73.6	71.7	69.4	-5.7
초등학교	87.9	87.4	86.8	84.6	80.9	-7.0
중학교	72.5	74.3	72.2	71.0	70.6	-1.9
고등학교	53.4	53.8	52.8	51.6	50.7	-2.7

자료: 통계청(2013)

서 2012년 사교육을 한 가지 이상 받는 학생들의 비율은 69.4%입니다. 4년 전인 2008년에는 75.1%였으니 비율이 줄어든 것을 확인할 수 있습니다.

언뜻 생각하면 대학 입시를 앞둔 고등학생들이 사교육을 가장 많이 받을 것 같지만, 실제로는 초등학생들의 비율이 가장 높군요. 10명 가운데 8명가량이 사교육을 받고 있으니까요. 하지만 초등학생의 사교육 참여율도 2008년과 비교하면 많이 줄어들었습니다. 이는 경제적으로 어려워진 부모들이 사교육비를 줄인 결과라고 볼 수 있습니다.

사교육을 받는 이유도 다양합니다. 태권도나 피아노 등 예체능을 배우려는 학생도 있고 수학이나 영어 등 일반 교과 공부를 하려는 학생들도 있죠. 일반 교과 공부는 중학교 이후에 많아집니다.

국어·영어·수학 등 일반 교과의 사교육 참여 비율을 살펴볼까요? 표 14-2에서 일반 교과의 사교육 참여 비율은 무려 58.6%이며, 41.6%가 학원 수강을 하고 있습니다. 우리나라 학생 5명 가운데 2명가량이 학원에

168

14-2 일반 교과와 관련한 사교육 참여 유형					(단위: %)
	2012년	초등학교	중학교	고등학교	일반고
일반 교과	58.6	64.6	65.9	42.2	50.1
개인 과외	10.5	7.0	13.2	13.4	15.7
그룹 과외	10.7	12.1	11.7	7.5	9.0
학원 수강	41.6	44.2	51.5	27.9	33.4
방문 학습지	13.4	25.3	7.4	0.9	0.9
인터넷·통신	2.8	2.3	3.4	2.9	3.5

자료: 통계청(2013)

다니는 셈입니다. 그 밖에 방문 학습지 13.4%, 그룹 과외 10.7%, 개인 과외 10.5%, 인터넷·통신을 이용한 강의 2.8% 순으로 나타났습니다.

학교 급별로 보면 초등학교(44.2%), 중학교(51.5%), 고등학교(27.9%) 모두 여러 가지 사교육 방법 중에서 학원 수강 비율이 제일 높습니다. 개인 과외는 학교 급이 높을수록 증가하는 경향을 보이며, 방문 학습지는 학교 급이 낮을수록 참여율이 높은 것을 알 수 있습니다.

사교육비, 얼마나 들까

우리나라의 1인당 국민소득은 2만 달러가 넘지만 생활 수준에 대한 만족도는 굉장히 낮습니다. 이러한 현상이 나타나는 이유 가운데 하나가 과도한 사교육비 때문일 거예요.

표 14-3을 참고해 보면 먼저 2012년 초·중·고 학생 1인당 월평균 사교육비는 23만 6,000원으로, 전년보다 1.7%p 감소했습니다. 학교 급별 월평균 사교육비는 중학생 27만 6,000원, 고등학생 22만 4,000원, 초등학생 21만 9,000원입니다. 전년과 비교하면 중학생과 고등학생의 사교육비는 각각 5.3%p, 2.8%p 증가했고, 초등학생의 사교육비는 9.1%p 감소했습니다.

한 달에 20여만 원. 누군가는 이 돈이 많다고 여길 것이고, 다른 누군가는 적다고 여길 겁니다. 그런데 우리가 이 통계에서 한 가지 더 생각해야 할 것이 있습니다. 1인당 월평균 사교육비 23만 6,000원이라는 통계에는 어떤 유형의 사교육에도 참여하지 않는 약 30%의 학생들이 포함되어 있다는 거예요. 이들을 제외하면 당연히 1인당 월평균 사교육 비용은 더 올라가겠죠.

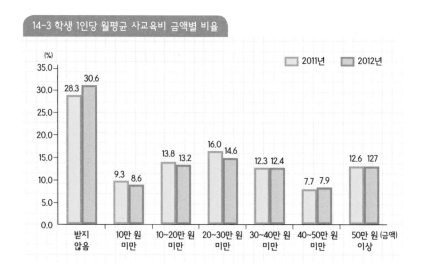

14-3 학생 1인당 월평균 사교육비 금액별 비율

실제로 사교육에 참여한 학생들의 1인당 월평균 교육비는 34만 원으로 조사되었습니다. 자녀가 2명이라면 한 달 사교육비로 70여만 원이 들어가는 셈이죠. 이런 상황을 보면 사교육비가 생활 만족도를 낮추는 주범이라는 말이 틀린 것은 아닌가 봅니다.

그렇다고 모든 학생이 사교육비로 한 달에 30여만 원을 지출하지는 않습니다. 그래프 14-3 통계 자료를 보면, 2012년 1인당 월평균 40만 원 이상을 교육비로 지출하는 비율은 20.6%입니다. 전년보다 0.3%p 늘어났네요. 반면에 사교육을 받지 않는 비율도 전년에 비해 2.3%p 늘어났어요.

적은 수치이기는 하지만, 교육비도 '빈익빈 부익부' 현상이 심화되고 있다는 사실을 알 수 있어요. 이로써 사교육이 계층 문제와 연결된다는 사실은 확실해졌습니다.

사교육과 연결된 계층 문제

이제 사교육은 공교육을 보완하는 방편이라기보다는, 자녀를 입시 경쟁에서 이기게 하여 더 나은 계층으로 보내기 위한 수단으로 여겨집니다. 따라서 학업 성취에 영향을 주는 요인을 연구하는 학자들은 학생이 공부에 집중하는 시간과 같은 개인적 측면 외에도 부모의 사회적·경제적 지위(SES, Social economic status), 부모와의 관계 등을 모두 고려합니다. 과거에는 개인의 노력이 학업에 많은 영향을 미쳤지만, 최근에는 부모의 사

구분	학생 1인당 월평균 사교육비(만 원, %)				사교육 참여율 (%, %p)			
	2011년		2012년		2011년		2012년	
		증감률		증감률		증감률		증감률
전체	24.0	0.0	23.6	-1.7	71.7	-1.9	69.4	-2.3
100만 원 미만	6.8	7.9	6.8	0.0	35.3	-0.7	33.5	-1.8
100~200만 원 미만	10.9	5.8	11.0	0.9	49.7	-1.0	46.3	-3.4
200~300만 원 미만	17.4	2.4	16.8	-3.4	68.2	-1.6	64.0	-4.2
300~400만 원 미만	23.4	-2.5	23.0	-1.7	76.8	-3.0	74.5	-2.3
400~500만 원 미만	29.0	-2.7	28.8	-0.7	81.8	-2.7	80.1	-1.7
500~600만 원 미만	34.0	-6.1	33.2	-2.4	83.7	-3.4	83.1	-0.6
600~700만 원 미만	39.4	-2.5	36.7	-6.9	86.5	-3.1	84.2	-2.3
700만 원 이상	44.0	-9.1	42.6	-3.2	85.3	-3.8	83.8	-1.5

자료: 통계청(2013)

회적·경제적 지위가 학업 성취에 강력하게 작용합니다.

사교육 효과가 강조되면서 부모가 소득이 많고 사회적으로 높은 지위에 있다면 그 자녀는 당연히 학업 성취도가 높을 것이라고 생각합니다. 그래서 흔히들 '개천에서 용 나는 시대는 지났다'고 이야기하죠. 이 말이 참말인지 표 14-4를 통해 가구 소득별 사교육 정도를 살펴봅시다.

실제로 가구의 소득이 높을수록 1인당 월평균 사교육비도 높고 참여율도 높습니다. 2012년 월평균 소득이 700만 원 이상인 가구의 사교육 참여율은 83.8%이고, 100만 원 미만인 가구는 33.5%입니다.

비용 측면에서도 엄청난 차이가 납니다. 700만 원 이상 가구의 사교

육비는 월평균 42만 6,000원이
고, 100만 원 미만인 가구는 6만
8,000원이에요. 두 집단의 지출액
은 약 6.26배 차이가 납니다. 그나마
위안을 얻을 수 있는 점은 두 집단의
지출액 차이가 2009년 약 8.43배,
2010년 약 7.68배, 2011년 약 6.47
배로 줄어들고 있다는 거예요.

그런데 소득이 100만 원 미만인 가구에서 자녀의 사교육비로 7만 원
을 지출하는 경우와 소득이 700만 원 이상인 가구에서 40만 원의 사교
육비를 지출하는 경우, 어느 쪽이 더 힘들까요? 당연히 소득이 낮은 쪽
이겠죠. 그럼에도 불구하고 소득이 낮은 부모들도 생활비를 아껴서라도
자녀에게 사교육을 시킵니다. 왜 그럴까요? 학자들은 이러한 현상과 관
련하여 몇 가지 이론을 제시합니다.

첫째, 기대 이론(expectancy theory)입니다. 사교육을 받은 만큼 성적
이 올라가고 명문 대학에 입학할 수 있다는 기대, 결국 미래의 삶을 살
아가는 데 유리할 거라는 기대감을 가지는 것을 말합니다. 즉, 자녀가
더 나은 삶을 누리도록 사교육이 그 기회를 제공해 준다고 믿는 거죠.

둘째, 죄수의 딜레마 이론(prisoner's dilemma theory)입니다. 원래 죄
수의 딜레마는 경제 이론의 하나로, 각자가 최선이라고 생각해 선택했
으나 사회 전체로 봤을 때는 최악의 결과를 선택하게 되는 과정을 말합
니다.

다른 사람들은 모두 자녀를 학원에 보내는데 나만 보내지 않으면 내 자녀가 불리한 상황에 놓일 거라는 불안 심리 때문에, 별다른 이익을 얻지 못하면서도 사교육을 계속할 수밖에 없는 상황인 거죠.

셋째, 선별 가설(screening hypothesis)입니다. 우리나라에서 대학은 서열화되어 있고 성적은 대학에 진학하는 잣대가 되기 때문에, 사교육으로 성적을 높여 좋은 대학에 진학하려 한다는 이론입니다. 명문 대학에 가면 향후 회사에 채용되는 과정에서 절대적으로 유리하다는 '선별 과정'으로 인식하는 것이죠. 기대 이론, 죄수의 딜레마 이론, 선별 가설 중 과연 어느 이론이 가장 설득력 있을까요?

1960년대 미국에서는 소수 인종의 낮은 학업 성취도가 이슈로 부각된 적이 있습니다. 미국 의회는 학교 교육의 조건에서 차이가 발생하기 때문에 이러한 현상이 나타난다고 생각했죠. 그리고 빈민가에 있는 학교를 지원하기로 하고 이를 위한 근거 자료를 만들기 위해 교육사회학자 제임스 콜먼(James Coleman)에게 연구를 의뢰했습니다. 하지만 연구 결과, 학업 성취도에서 차이가 나는 주원인은 바로 부모의 사회적·경제적 영향력이었습니다.

이처럼 부모의 소득은 자녀의 교육에 중요한 영향을 미치죠. 이를 경제 자본(economic capital)이라고 합니다. 최근에는 자녀 교육에 대한 부모의 관심과 시간을 얼마나 투자하는지 등도 중요하게 여겨지는데, 이를 사회 자본(social capital)이라고 합니다. 자녀 교육에 영향을 미친다는 부모의 심미적 태도나 교양 수준은 문화 자본(cultural capital)이라고 합니다.

경제 자본이 사회 자본이나 문화 자본을 만들어내는 경우가 많습니다. 하지만 경제적으로 어려운 상황에 있는 학생도 사회 자본이나 문화 자본이 풍부할 수 있어요. 이러한 학생들은 부모의 경제적 지위와 관계 없이 학업 성취도가 높습니다.

즉, 자녀의 교육을 위해서는 금전적인 지원도 필요하지만 무엇보다 부모가 자녀와 함께 시간을 보내는 것이 중요합니다. 밥을 먹으며 학교생활에 대해 이야기하고, 책을 읽으며 토론하는 등 대화하는 시간을 늘린다면 부모들은 자녀에게 사교육을 통해 얻는 것보다 더 많은 것, 더 귀한 것을 줄 수 있습니다.

일본에도 사교육 열풍이!

원래 일본은 사교육이 없는 나라로 유명했습니다. 부모가 아이와 함께 시간을 보내는 것을 중요하게 생각해서, 아이들은 방과 후에 주로 집에서 시간을 보냈죠.

하지만 2000년대 중반에 닥친 경제 위기로 일본도 사교육 열풍이 나타나기 시작했어요. 일본의 일부 명문 사립대학에는 부속 유치원, 초·중·고등학교가 있어서, 입학 후에는 특별한 문제가 없는 경우 해당 대학 입학 시 특혜가 주어집니다. 그래서 입시 경쟁이 매우 치열해요.

더구나 사립 중학교는 일본 전체 중학교의 6%에 불과해서, 초등학교 5~6학년 때부터 과외 열기가 뜨겁다고 합니다. 12세부터 '승리 조에 끼기' 경쟁이 시작돼 '12세의 충격'이란 신조어가 생겨날 정도입니다.

15

노인을 위한
나라는 없다

키워드 고령자, 부양비, 경제적 문제

『은교』라는 소설에 "너희의 젊음이 너희 노력에 의하여 얻어진 것이 아닌 것처럼 노인의 주름도 노인의 과오에 의해 얻어진 것이 아니다"라는 표현이 나온다. 젊음도 늙음도 자체로 자연이라고 하면서…… 이 땅에서 나이 듦은 어떻게 평가받고 있을까?

고령자의 인구 규모

예전에는 노인이 되는 시기를 대략 60세 전후라고 생각했습니다. 십간(十干)과 십이지(十二支)를 결합하면 60개의 간지(干支)를 얻을 수 있고, 이 육십갑자(六十甲子)를 돌아야 동일한 해를 다시 만날 수 있기 때문이죠.

평균수명이 낮았던 과거에는 60년을 산 것이 매우 축하할 일이었기에, 회갑(回甲) 잔치를 크게 열었습니다. 하지만 요즘은 회갑 잔치를 거의 하지 않지요. '100세 시대'라는 말이 나올 정도로 평균수명이 길어졌기 때문입니다.

그렇다면 현대사회에서 고령자*로 나누는 기준은 무엇일까요? 현재 15~64세를 '생산 가능 인구'라고 하며, 65세 이상부터 고령 인구로 분류합니다. 즉 공식적인 고령자는 65세 이상을 말합니다.

아래의 표 15-1 〈연령별 인구〉를 통해 더 자세히 알아봅시다. 2012년 우리나라 총인구 대비 고령자의 비율은 11.8%입니다. 1970년에는 3.1%였으니, 40여 년 사이에 고령자가 얼마나 증가했는지 느낌이 올 거예요. 통계청은 「장래 인구 추계」에서 고령 인구가 지속적으로 증가하여 2030년 24.3%, 2050년 37.4% 수준에 이를 것으로 전망하고 있습니다.

유엔은 고령화 정도에 따라 국가를 세 가지 유형으로 구분합니다. 총인구 대비 65세 이상 고령 인구 비율이 4% 미만인 국가를 '유년 인구 국가(young population)', 4~7%인 국가를 '성년 인구 국가(mature population)', 7% 이상인 국가를 '노년 인구 국가(aged population)'라고 하죠.

15-1 연령별 인구 (단위: %)

연도	1970	1990	2000	2012	2020	2030	2040	2050
총인구	100	100	100	100	100	100	100	100
0~14세	42.5	25.6	21.1	15.1	13.2	12.6	11.1	9.9
15~64세	54.4	69.3	71.7	73.1	71.1	63.1	56.5	52.7
65세 이상	3.1	5.1	7.2	11.8	15.7	24.3	32.3	37.4
65~74세	2.3	3.5	4.9	7.1	9.0	14.6	15.8	15.3
75~84세	0.8	1.6	2.0	3.8	5.1	7.2	12.4	14.4
85세 이상			0.4	0.9	1.6	2.5	4.1	7.7

자료: 통계청(2013)

노년 인구 국가는 다시 세 가지 유형으로 나눕니다. 고령 인구 비율이 7% 이상인 국가를 '고령화 사회(aging society)', 14% 이상인 국가를 '고령 사회(aged society)', 20% 이상인 국가를 '초고령 사회(super-aged society)'라고 해요. 이 기준에 따르면 우리나라는 1990년대 후반에 노년 인구 국가가 되었고 2012년에 고령화 사회가 되었으며, 2020년대 후반에는 초고령 사회로의 진입이 예상됩니다.

초고령 사회를 앞둔 만큼 통계청은 85세 이상 초고령 인구에 대해서도 통계를 내기 시작했습니다. 2000년에 초고령자 비율은 0.4%에 불과했는데, 2012년에는 0.9%로 대폭 늘어났습니다. 100명 가운데 1명은 85세 이상의 초고령자인 셈이죠. 이러한 예측대로라면 지금 10대인 여러분이 65세 이상이 될 즈음엔 10명당 4명이 고령자, 10명당 1명이 초고령자가 될 것 같네요.

 옛날에는 왜 60년 살면 장수했다고 말했을까?

십간(十干)과 십이지(十二支)를 합친 '육십갑자(六十甲子)'란 고대 중국과 우리나라의 역법에서 일상적으로 사용하였던 주기 이름입니다. 일주일 주기가 7일인 것처럼 육십갑자의 주기는 60년이에요. 그래서 과거에는 60년을 살면 장수했다고 여겼죠.

일주일의 하루하루에 월(月), 화(火), 수(水) 등 각기 다른 명칭이 있듯, 육십갑자의 한 해도 각기 다른 간지(干支) 이름을 가지고 있습니다. 이때 십간(甲, 乙, 丙, 丁, 戊, 己, 庚, 辛, 壬, 癸)은 육십갑자에 여섯 번 들어 있어요. 십간이 10년마다 한 번씩 돌아오는 거죠. 십이지는 '자(子, 쥐), 축(丑, 소), 인(寅, 호랑이), 묘(卯, 토끼), 진(辰, 용), 사(巳, 뱀), 오(午, 말), 미(未, 양), 신(申, 원숭이),

유(酉, 닭), 술(戌, 개), 해(亥, 돼지)를 가리킵니다. 십간과 십이지가 합쳐져 60
개의 간지가 만들어지는 거예요.

조선시대만 해도 평균 수명이 30년이 채 안되었기에 60세 생일을 맞이하
는 것은 매우 보기 어려운 현상이었습니다. 그런 점에서 60개의 간지인 한
주기를 다 살았다는 것을 축하하는 회갑을 중시했습니다.

고령자가 증가한다는 것의 사회적 의미

여기서 잠깐, 혹시 눈치챘나요? 현대사회에서 연령에 따라 인구를 구분
할 때, '사회적으로 그 연령의 노동력을 활용할 수 있는가?'라는 문제가 중
요한 기준이 된다는 것을요. 현대사회에서 고령자가 된다는 것은 사회적
생산 활동에서 벗어난다는 의미입니다. 즉, 고령자는 스스로 노동을 해서
삶을 영위하는 사람이 아니라 사회적으로 부양받아야 하는 대상이죠.

이들은 보통 생산 가능 인구였을 때 일을 하면서 벌어들인 소득의 일
부를 저축했다가 연금으로 받아 생활합니다. 일반적으로 국가 연금은
자신이 낸 돈보다 더 많이 받습니다. 그래서 고령 인구가 증가하면 현재
의 생산 가능 인구가 그 부담을 질 수밖에 없습니다.

이처럼 생산 가능 인구가 고령자 부양을 부담하는 정도를 '노년 부양
비'라고 합니다. 부양비를 돈의 액수라고 착각하는 사람이 있을지도 모
르겠네요. 노년 부양비는 생산 가능 인구 100명당 부양해야 하는 고령
인구의 비율을 말합니다.

표 15-2에서 보듯 2012년 우리나라의 노년 부양비는 16.1이었습니다.

15-2 노년 부양비 및 노령화 지수							(단위: 해당 인구 100명당 명, 명)
연도	1990	2000	2012	2017	2080	2040	2050
노년 부양비*	7.4	10.1	16.1	19.2	38.6	57.2	71.0
노령화 지수**	20.0	34.3	77.9	104.1	193.0	288.6	376.1
노인 1명당 생산 가능 인구***	13.5	9.9	6.2	5.2	2.6	1.7	1.4

* 노년 부양비 = (65세 이상 인구/15~64세 인구)×100
** 노령화 지수 = (65세 이상 인구/0~14세 인구)×100
*** 노인 1명당 생산 가능 인구 = 15~64세 인구/65세 이상 인구

자료: 통계청(2011)

생산 가능 인구 6.2명이 고령자 1명을 부양해야 하는 구조입니다. 지금처럼 저출산 현상이 지속될 경우에는 문제가 더욱 심각해질 거예요. 2017년에는 생산 가능 인구 약 5명이 고령 인구 1명을, 2050년에는 생산 가능 인구 약 1.4명이 고령 인구 1명을 부양해야 할 것으로 전망됩니다. 출산율이 증가하거나 생산 가능 인구의 연령을 상향 조정하지 않는 한, 노년 부양비는 사회문제가 될 수밖에 없죠.

고령자에 대한 책임은 0~14세 유소년 인구에게도 예외가 아닙니다. 그들이 커서 생산 가능 인구가 될 테니까요. 그래서 미래를 준비하기 위해 유소년 인구 대비 고령자의 비율을 파악하는 일도 꼭 필요합니다.

유소년 인구 전체를 100으로 잡았을 때 고령 인구의 비율을 '노령화 지수'라고 합니다. 2012년 우리나라의 노령화 지수는 77.9로, 이는 유소년 인구 100명당 65세 이상 고령 인구가 약 78명임을 의미합니다. 2017년이 되면 노령화 지수가 104.1로 증가하여, 고령 인구가 유소년 인구를 초과할 것으로 예측됩니다.

고령자 인구의 성비, 그리고 혼자 살기

출생 성비가 여성을 100으로 봤을 때, 남성이 105~107일 경우를 정상
이라고 한다고 앞서 살펴보았죠? 자연 상태에서 여아보다 남아가 더 많
이 태어나는 것이 일반적이기 때문이라는 것도 말입니다.

그러나 나이가 들어갈수록 성비는 역전됩니다. 표 15-3을 보니 2012년
65세 이상의 성비는 70.1입니다. 여성의 수명이 남성보다 길다는 것을 알
수 있죠. 그런데 2030년에는 고령자의 성비가 81.1로 높아질 것으로 전
망됩니다. 남성 고령자의 평균수명 역시 점점 높아진다는 뜻이에요.

그렇다면 여성이 남성보다 더 오래 사는 이유는 무엇일까요? 예전에
는 남성이 여성보다 위험한 곳에서 일을 많이 했기에, 생명을 위협받을

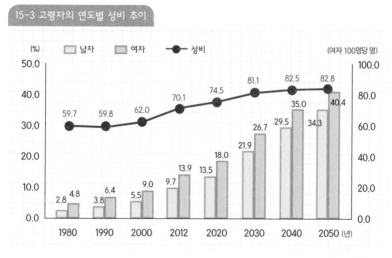

15-3 고령자의 연도별 성비 추이

자료: 통계청(2013)

일이 훨씬 많았을 거예요. 전쟁 같은 큰 사회변동으로 인해 남성의 사망률도 더 높았고요.

하지만 사회 환경이 변화하고 의료 기술이 발달하고 있죠. 남성의 건강에 대한 관심도 고조되고 있어서 남성들의 사망률이 점차 낮아지고 있습니다. 그럼에도 불구하고 고령자의 성비는 70~80 수준에 머물고 있습니다. 독거노인의 상당수가 여자일 가능성이 크다는 의미죠. 농촌에서 홀로 지내는 할머니들을 많이 볼 수 있는 것도 이러한 이유예요.

실제로도 대가족을 이루었던 과거와 달리, 대부분의 고령자는 부부끼리 살거나 배우자와 사별하고 홀로 살아갑니다. 그 이유는 그래프 15-4를 보면 알 수 있습니다.

현재 '자녀와 같이 살고 있지 않다'는 고령자의 비율은 농어촌 지역

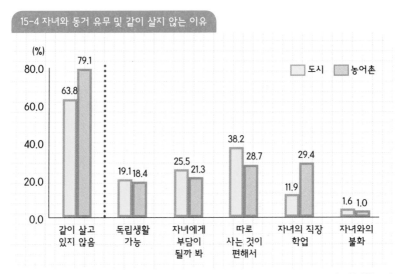

(%)

| | 도시 | 농어촌 |

- 같이 살고 있지 않음: 63.8 / 79.1
- 독립생활 가능: 19.1 / 18.4
- 자녀에게 부담이 될까 봐: 25.5 / 21.3
- 따로 사는 것이 편해서: 38.2 / 28.7
- 자녀의 직장 학업: 11.9 / 29.4
- 자녀와의 불화: 1.6 / 1.0

자료: 통계청(2012)

79.1%, 도시 지역 63.8%입니다. 주된 이유는 도시 지역의 경우 '따로 사는 것이 편해서(38.2%)', 농어촌 지역의 경우 '자녀의 직장과 학업 때문에(29.4%)'로 나타났습니다. 우리는 이 통계 자료들을 통해 부모를 봉양하는 책임을 사회문제로까지 확대해서 보아야 하는 이유가 무엇인지 알 수 있습니다.

폐지라도 주워야 하는 빈곤한 고령자들

자본주의 사회에서 살아남으려면 돈이 있어야 합니다. 이 때문에 현대인들은 오래 산다는 것을 축복으로만 받아들이지 않죠. 오래 사는

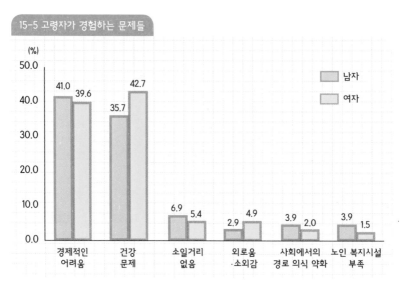

것은 생산 없이 소비만 해야 하는 기간이 길어졌음을 의미하니까요. 그래서 재산이 많지 않은 한 고령자들은 경제적 어려움에 직면할 수밖에 없어요.

길을 걷다가 종종 종이 상자를 정리하는 노인분들을 본 적이 있을 겁니다. 아마 그들은 70세 가까이 되었을 거예요. 그렇다면 일제강점기에 태어나서 6·25전쟁을 겪고 폐허에서 청소년기를 보냈겠죠. 그 후 곤궁한 시기에 가정을 이루어 자녀들을 교육시켰을 거예요. 평생 열악한 환경 속에서 열심히 살았지만 그들은 사회적 부양 제도가 제대로 갖추어지지 않은 사회에서 힘든 노년을 보내고 있지요.

요즘 한국 현대사 그 자체인 고령자들에게 존경심을 갖는 사람들은 많지 않습니다. 고령자들 스스로도 경제적 어려움을 더 절실한 문제로 받

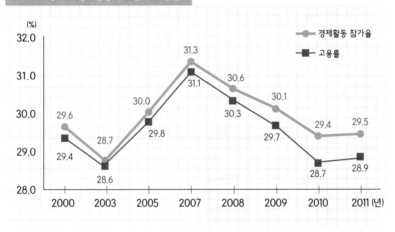

자료: 통계청(2012)

아들이죠. 이들은 부모 봉양과 자녀 양육을 당연한 일로 여겼으나 정작
이들의 자녀들은 부모를 봉양하는 일에 크게 신경 쓰지 않습니다. 오히
려 자녀 양육을 더 큰일로 여기죠.

2011년 생계를 유지하기 위해 국가의 보호가 필요한 국민 기초 생활
보장 수급자 138만 명 가운데 고령자가 차지하는 비율은 27.4%입니다.
앞에서 언급했던 대로 고령자의 비율이 전체 인구의 11.8%이니, 빈곤한
고령자들이 얼마나 많은지 짐작할 수 있을 거예요.

최저생계비 이상의 소득이 있을지라도 조금 더 여유로운 삶을 원하거
나 일하는 것이 건강에 도움이 된다고 생각하는 고령자들은 취업할 자
리를 찾습니다. 그래프 15-6을 보면 2011년 고령자 고용률은 28.9%를
기록했습니다. 고령자 10명 가운데 3명 정도가 일을 하고 있어요. OECD

재활용품을 줍는 할아버지. 국민 기초 생활 보장 수급자 138만 명 가운데 고령자가 차지하는 비율은 무려 27.4%라고 해요.

가 발표한 자료를 보면 2011년 우리나라 65~69세 고령자 고용률은 41%로 조사 대상 32개국 중 2위를 차지했습니다. 평균인 18.5%보다 2배가량 높아요.

이처럼 많은 고령자들이 일을 하는 이유는 무엇일까요? 고령자들이 일하는 가장 큰 이유는 '생활비에 보탬이 되어서(54.4%)'였습니다. '일을 하는 즐거움 때문에(36.5%)'라는 응답은 2위를 차지했죠.

고령자 비율이 높은 몇몇 나라의 경우 65세 이후에도 취업할 수 있는 제도를 마련해 놓고 있습니다. 고령자들이 받는 연금액을 빼고 임금을 지불하는 경우가 많기 때문에, 저렴한 임금으로 숙련된 근로자를 고용하고 싶어 하는 기업들은 이 제도를 매우 반깁니다.

그러나 모든 나라가 이 제도를 실행할 수는 없을 겁니다. 경제 상황이 좋고, 전반적으로 실업률이 낮아야 이러한 제도를 실행할 수 있어요. 남는 일자리를 고령자들이 메워주니 사회적으로는 당연히 환영할 일이죠.

하지만 우리나라처럼 실업률이 높고 경제 상황이 어려우면 고령자들의 숙련된 노동력을 활용하는 데 어려움이 있습니다. 또한 이들을 대우해 주는 곳은 그리 많지 않습니다. 그러다 보니 2011년 근로자의 평균 월 급여를 100으로 했을 때 60세 이상 근로자의 월 급여 수준은 75.6입니다. 1994년 전까지 60세 이상 근로자의 임금 수준이 100 이상이었던 것과 비교하면 너무 낮죠. 고령 근로자들의 임금은 1994년부터 지속적으로 떨어져 현재 수준에 이르렀어요. 일용직 등 저렴한 일자리에서만 고령자들을 반겨주기 때문입니다.

수명은 길어졌지만 마음껏 여생을 즐기기엔 모든 것이 부족한 사회 환경에 마음이 아픕니다. 대한민국에서 고령자들이 편안하게 여생을 누릴 수 있는 묘안은 정말 없을까요?

◆ **고령자** 일반적으로 65세 이상의 연령인 사람을 일컫는다. 65세라는 기준은 평균 수명이 50세 미만이던 19세기 중반 독일의 재상 비스마르크에 의해서 만들어진 기준으로, 100세 시대를 사는 현대에는 맞지 않는 기준이라는 비판도 있다.

16

그 많던 여대생은
모두 어디로 갔을까

키워드 남녀 대학 진학률, 여성의 경제활동 참가율

여자아이들은 학교에 가지 못하고 집에서 '소나 키우던' 때가 있었다. 최근 20년 사이 여성의 대학 진학률은 크게 높아졌지만, 대학을 졸업할 즈음이 되면 여성의 수난이 시작된다. 취업 시장에서, 직장에서 슬그머니 자취를 감추는 그들은 대체 왜, 그리고 어디로 사라지는 걸까?

대학 진학률 1위, 대한민국

외국의 한 연구에 의하면, 대한민국이 지속적으로 성장할 수 있는 원동력은 아주 높은 대학 졸업률이라고 합니다. 미래에는 지식을 활용한 경제활동이 중심이 되기에 대학 졸업(대졸) 이상의 고학력자가 많은 사회가 경제적 경쟁력이 높다고 보기 때문이죠.

우리나라는 다른 나라보다 대졸 학력자가 많습니다. 대학 진학률*에 성의 차이도 거의 없습니다. 16-1 표를 함께 볼까요? 우리나라는 줄곧 남학생이 여학생보다 꾸준히 높은 대학 진학률을 보였습니다. 그러다 2010년에

188

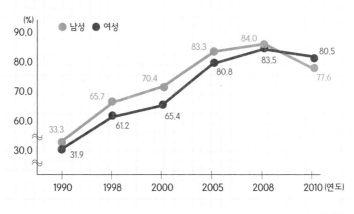

16-1 성별 대학 진학률

(%)
90.0 ● 남성 ● 여성
84.0
83.3
80.0 83.5 80.5
80.8 77.6
70.4
70.0 65.7
65.4
60.0 61.2
33.3
30.0 31.9

1990 1998 2000 2005 2008 2010 (연도)

자료: 통계청(2011)

이르러 역전되었죠. 이 경향은 앞으로도 지속될 것으로 보입니다.

이렇게 높아진 여학생의 대학 진학률이 무색하게도, 1970년대만 하더라도 전체 대학생 가운데 여학생의 비율은 약 27%에 불과했어요. 경제성장이 시작되던 시기에 대부분의 여자아이들은 말 그대로 집안의 살림 밑천이어서 가족의 생계를 위해, 남자 형제의 대학 등록금을 마련하기 위해 돈을 벌어야 했죠. '남자는 하늘, 여자는 땅'이라는 의식이 남아 있던 시대에 대학을 나온 여자는 정말 극소수에 불과했습니다.

그렇게 1980년대를 지나 1990년대에 이르러 남녀 대학 진학률의 차이가 크게 좁혀졌습니다. 그 이유는 무엇일까요? 1970년대 '아들딸 구별 말고 둘만 낳아 잘 키우자'라는 가족계획 아래 자녀 수가 감소하고, 1980년대 경제성장과 더불어 살림살이에 점차 여유가 생기면서 자녀 교육에 성 차별을 두지 않은 까닭입니다.

이와 함께 대학을 졸업한 고학력 노동자의 필요성이 높아지고, 1980년 대 '대학 졸업 정원제'에 따라 대학의 정원이 급증한 영향도 무시하기 어렵습니다.

취업에서의 성 차이

요즘에는 여성들이 대학을 졸업한 뒤 취업하는 것을 당연하게 여깁니다. 하지만 얼마 전까지만 해도 일부 여자 대학생들은 '대학 나온 여자'라는 이름 아래 조신하게 신부 수업을 받다가 좋은 남자와 결혼해 전업주부로 살아가고 싶어 했어요. 왜 그랬을까요? 그것은 진정 자발적인 선택이었을까요?

1980년대 전후에만 해도 대졸 신규 사원 공개 채용의 지원 자격은 대부분 남자로 제한되었어요. 우리나라 최초의 여사원 공개 채용은 1986년 11월, 대우그룹에서 시작되었습니다. 대졸 여성을 대상으로 200여 명을 모집했는데 경쟁률이 26:1일 정도로 인기가 많았어요.

그러나 동일한 학력의 남성보다 임금이 조금 더 낮았고, 원하면 결혼 후에도 동일한 조건에서 일할 수 있다는 단서까지 달려 있었어요. 그 당시 대졸 여성의 취업이 얼마나 힘들게 이루어졌는지 알 수 있겠죠?

취직을 하더라도 여직원은 '직장의 꽃' 정도로 여겨졌습니다. 그래서 커피 심부름 등 사소하고 궂은일을 도맡거나, 같은 일을 하더라도 남자 직원과는 다른 직렬로 구분되어 임금에서도 불평등한 대우를 받았죠. '김 대리'로 불리는 남직 원 옆에서, 여직원은 오로지 '미스 김'으로 불리며 직급조 차 없던 암울한 때였습니다.

1980년대 이후 경제성장 과 정에서 만들어진 일자리는 주 로 이공계나 상경계 전공과 관 련된 것이었어요. 대부분 남학 생이 선호하는 전공이었죠. 반대로 여학생들의 선호도가 높은 인문·사범 계열의 전공과 관련한 일자리는 거의 나지 않 아서 전공 측면에서도 여성들의 취업에 한계가 있었습니다.

여기서 잠깐, 남성이 많이 종사하는 직업과 여성이 많이 종사하는 직업 으로 직업 세계가 구별되는 현상을 '성별 직종 분리'라고 해요. 그리고 근로 자들의 특정 성 비율이 70%를 넘는 직업은 '성별 지배 직종'이라고 합니다.

1993년 우리나라의 전체 직업 가운데 여성 지배 직종은 13.8%, 남성 지배 직종은 60.6%, 남녀가 비슷하게 경합하는 직종은 25.5%였습니다. 그러니 여성이 취업할 수 있는 직업 종류에서도 보이지 않는 제한이 있 었던 셈입니다.

이런 결과를 종합해 보면 여성의 대학 진학률이 증가하는 상황과 별개 로, 취업에서의 성 차이 혹은 성차별에 해당하는 현상들은 늘 존재했습니 다. 이런 여러 요소가 복합적으로 작용해 성별 대학 진학률의 차이가 좁 혀졌던 1990년대 이후에도 취업에서 남녀 성 차이가 나타났던 거고요.

직장 생활에서의 성 차이, 임금과 육아 문제

1998년 대졸 여성의 경제활동 참가율은 54%, 대졸 남성의 경제활동 참가율은 93%로 매우 큰 차이가 있었습니다. 그 당시 OECD 회원국 평균 대졸 여성의 경제활동 참가율이 83%였던 것과 비교해도 아주 낮은 비율이죠. 이런 경향은 요즘도 마찬가지입니다.

그 많던 여대생들은 대학을 졸업하고 어디로 사라진 걸까요? 그들은 취업 시장에서 외면당하거나 취업하더라도 중간에 그만두고 주부로 살아갔습니다. 그렇다고 취업 한 여성들의 조건이 좋은 것도 아니었어요.

짐작하겠지만 여성의 일자리는 남성의 일자리보다 좋지 않습니다. 여성은 남성과 비교해 임시직이나 일용직으로 일하는 경우가 많아요. 앞서 대졸 경제활동 인구에서 보았듯 남성의 경우 고학력자들은 대부분 취업을 하지만, 여성의 경우는 오히려 저학력 취업자가 더 많은 편입니다.

그러다 보니 임금에서도 성 차이가 납니다. 남성을 100으로 기준했을 때 여성의 근로시간은 95.5인 반면 임금은 66.9

2013 워킹맘 엑스포에 참석한 한 여성. 결혼과 출산으로 인해 직장을 그만두고 경력이 단절된 여성들이 많습니다.

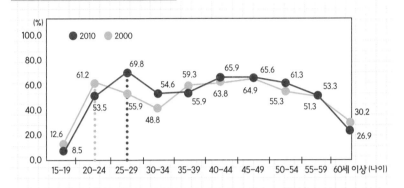

(%)

● 2010 ● 2000

100.0
80.0
60.0
40.0
20.0
0.0

69.8

61.2

59.3

65.9

65.6

61.3

54.6

53.3

63.8

64.9

53.5

55.9

55.9

55.3

51.3

48.8

30.2

12.6

26.9

8.5

15-19 20-24 25-29 30-34 35-39 40-44 45-49 50-54 55-59 60세 이상 (나이)

자료: 통계청(2011)

입니다. 근로시간에 비해 여성이 받는 임금이 상당히 낮은 거죠. 이것을 보면 우리나라 여성들은 주로 노동 가치를 낮게 평가받는 곳에서 일하는 셈입니다.

예전에 비해 호칭의 차별도 사라지고 승진에서의 부당한 대우도 많이 줄었다고 하지만 아직도 많은 여성들이 직장에서 성차별을 경험한다고 말해요. 특히 출산 즈음에 이와 관련한 고민을 하는 경우가 많다고 합니다.

보육 시설을 제대로 갖추지 못한 우리 사회에서는 여성이 직장 생활을 계속하는 데 육아는 큰 부담이 됩니다. 그래서 30대 전후의 여성들은 직장 생활을 계속해야 할지 고민에 빠집니다. 이뿐만 아니라 썩 좋지 않은 여성의 업무 조건, 그리고 자녀 양육을 다른 사람에게 맡길 경우에 생기는 기회비용을 고려해 결국 여성들이 직장을 그만두는 거죠.

그 결과 그래프 16-2에서 보듯 한국 여성의 연령별 경제활동 참가율은 30대 중반에서 수치가 함몰되는 M자형의 그래프를 나타냅니다. 이

점이 바로 그 많던 여대생들이 직장을 포기하고 사라지는 블랙홀 같은
시기입니다.

우리나라의 엄청난 '성 격차'

2013년 세계경제포럼(WEF)의 연례 보고서인 『세계 성 격차 리포트』에 따르
면, 정치·교육·고용·보건 4개 분야에서 남녀 간 불평등을 조사한 '성 격차
지수(GGI, Gender Gap Index)' 순위에서 우리나라가 134개국 가운데 111위
를 기록했습니다. 2010년 104위를 차지했을 때보다 순위가 더 내려갔어요.
분야별로는 경제 참여 기회 118위, 보건·생존 75위, 출산 성비 119위, 임금
평등 수준 120위, 입법자 및 고위 관료·관리직 105위였습니다. 여성 인권의
사각지대라고 불리는 중동이나 아프리카 등지의 몇몇 국가보다 조금 더 나
은 정도일 뿐입니다. 최근 여성의 사회적 지위가 높아진 것을 감안하면 참
충격적인 자료이지요. 진정한 양성 평등이 실현되려면 모든 여성이 자신의
능력에 걸맞은 역량을 펼칠 수 있는 여건을 마련해 주는 우리 사회의 적극
적인 노력이 필요합니다.

여전히 높고 두꺼운 유리 천장

최근 들어 정부와 경제계는 '일과 가정의 양립'이라는 관점에서 육아
로 인한 여성의 경력 단절 문제를 해결하기 위해 다양한 방법을 모색하
고 있습니다. 대표적인 예로 '홈퍼니(hompany)' 전략을 내세우는 기업이
있습니다. 홈퍼니는 가정을 의미하는 home과 회사인 company를 합친
말로, 가족과 저녁을 보낼 수 있도록 야근을 못하게 하거나 회사에 보육

시설을 두는 전략이죠.

그럼에도 불구하고 여성의 경제활동 참가율은 쉽게 늘어날 것 같지 않습니다. 실업률은 점점 증가하는데 신규 일자리는 줄어들고 있죠. 여전히 여성의 전공 선호도는 전통적인 경향을 그대로 따르고 있기 때문에 여성의 취업은 쉽지 않아요. 더구나 가족 친화적인 기업은 극소수인데다, 엄마가 아이를 돌보듯 정성스레 육아를 대신해 줄 보육 시설은 너무나 부족합니다.

여러분은 '유리 천장'에 관해 들어본 적이 있나요? 이 말은 미국의 《월스트리트저널》이 1970년에 만들어낸 신조어로, 여성들이 직장에서 고위직으로 승진하는 데 장애가 되는 암묵적인 차별을 뜻합니다.

이 유리 천장 역시 여성들의 사회 진출을 어렵게 하는 주범입니다. 남성들이 많은 직장에서 여성이 자신의 능력을 제대로 발휘하기가 쉽지 않아서, 특히 고위직의 여성이 리더로서 역할을 잘 해낼지 색안경을 끼고 보는 시선 때문에 아직까지 이 장벽을 넘어서는 여성은 적은 편입니다.

다행히 우리나라의 한 연구소가 분석한 결과에 따르면, 대한민국 여성들은 학력이 높고 스스로도 경쟁력을 강화하려고 끊임없이 노력하며 여기에 여성 친화적 제도가 도입되어 여성들이 사회의 각 분야에서 리더로 활약하는 비율이 지속적으로 증가하고 있다고 합니다. 정치계·법조계·학계·언론계의 경우 전체 리더 가운데 여성의 비율이 20%에 달하는 것으로 나타났어요.

그런데 경제계의 경우 여성 임원의 비율이 전체의 5% 수준에 그친다고 해요. 여성에게 우호적이지 않은 기업 환경과 여성의 낮은 취업률, 경력 단절 경험 등을 고려해 보면 극소수의 여성이 리더로 성장하는 것은 어쩌면 당연한 결과입니다.

과거에 수많은 여대생이 대학을 졸업하고도 취업을 하지 않았거나 못 했던 것과 달리, 요즘의 20대 대졸 여성의 경제활동 참가율은 꾸준히 증가하고 있어요. 그리고 결혼 후 맞벌이를 중시하는 세태에 따라 이들의 경력 단절도 점차 줄어드는 추세입니다.

이런 경향이 지속되면 현재 5%에 그친 기업의 여성 임원 비율도 점차 증가하고 많은 여대생들이 원하는 직업을 가지고 일할 수 있는 날이 오겠죠?

21세기를 '3F(Fiction·Feel·Female) 시대'라고 합니다. 섬세함을 강조하는 '여성성의 시대'라고도 하죠. 많은 여학생들이 직장에서 섬세함과 여성성을 발휘하면서 유리 천장을 깨부수는 그날을 기대해 봅니다.

◆ 진학률 졸업생 가운데서 상급학교에 진학하는 비율을 의미하는데, 일정 연령에 도달한 사람들 중에서 학교에 다니는 취학률과는 다른 개념이다.

◆ 대학 졸업 정원제 일정 학점을 따면 자동으로 졸업을 하는 것이 아니라 대학에서 이수한 학력을 보고 졸업 여부를 결정하는 제도이다. 정원보다 많은 수가 대학에 입학했기 때문에 정원을 초과하는 학생들에게 졸업장을 주지 않았다. 중도 수료자가 다시 진학하거나 편입학할 기회가 전혀 없다는 등의 이유로 1990년대 초반에 우리나라에서는 사라졌다.

미국 대통령 선거와 갤럽 여론조사와 표본 선정의 중요성

요즘도 선거철이 되면 출구조사를 통해 어떤 후보가 당선될 것인지를 예측합니다. 그리고 실제 선거 결과와 가장 근접한 예측을 했던 조사기관이 마치 자신이 대통령에 당선된 것인 양 기쁨을 전하는 모습을 볼 수도 있어요.

그런데 선거 결과를 예측하는 일은 언제부터 시작되었을까요? 아마도 1916년, 《리터러리 다이제스트(Literary Digest)》라는 주간지에서 우드로 윌슨 대통령의 당선을 예측하면서부터일 것입니다. 이후 이 주간지는 대선 결과를 매번 정확히 예측하면서 20세기 여론조사의 선두 주자로 이름을 떨치게 되었죠.

그런데 1936년 대선에서 큰일이 벌어졌습니다. 명망을 떨치던 《리터러리 다이제스트》와 여론조사 사업에 갓 뛰어든 '갤럽 미국여론연구소(갤럽)'가 맞붙게 된 것이었죠. 《리터러리 다이제스트》는 공화당 후보인 알프레드 랜던이, 갤럽은 민주당 후보인 프랭클린 루즈벨트가 대통령이 될 것이라고 예측했습니다.

결과는 어떻게 되었을까요? 승리의 여신은 갤럽의 손을 들어주었습니다. 그리고 이 충격으로 《리터러리 다이제스트》는 얼마 뒤 폐간되고 말았죠. 오랫동안 대통령을 예측하는 일에 성공했던 《리터러리 다이제스트》가 실패한 이유는 과연 무엇이었을까요?

바로 모집단을 대표하는 표본의 대표성 문제 때문이었습니다. 통계에서 모집단은 우리가 조사하고자 하는 모든 집단을 말합니다. 미국의 대통령 선거의 경우, 모집단은 선거권이 있는 일정 연령 이상의 국민입니다. 그런데 이들을 모두 조사하기란 어려우니, 이들을 대표할 수 있는 일정 집단을 뽑아서 조사하게 되죠. 이 일정 집단이 바로 표본입니다. 여기에서 중요한 것은 표본이 모집단을 얼마나 잘 대표할 수 있느냐입니다.

1936년 당시 《리터러리 다이제스트》가 보유한 표본은 자신의 독자이거나 혹은 전화번호부, 자동차 명부에 이름을 올린 사람들이었습니다. 다수가 부유한 사람들이었기 때문에 그렇지 못한 사람들의 의향을 제대로 파악하기 힘든 표본 구성이었죠. 어쩌면 이전의 예측들은 단순한 운에 의한 결과였는지도 모릅니다.

《리터러리 다이제스트》가 물러가고 새롭게 명성을 얻은 갤럽은 1948년 대통령 선거에서 쓴맛을 보게 됩니다. 해리 트루먼의 승리를 예측하지 못한 것인데, 최종 여론조사가 선거일 3주 전에 이루어졌기 때문이라는 분석과 함께 날씨 때문에 실패했다는 소문도 전해집니다. 선거일에 공화당 지지자가 많은 농촌에 폭우가 쏟아져 투표율이 낮아진 반면, 민주당이 강세를 보였던 도시는 맑고 쾌청해 투표하는 사람들이 많았거든요.

우리나라에서는 1987년, 한국 갤럽에 의해 선거 예측 조사가 이루어졌습니다. 이후 15대 대통령까지 정확하게 예측했죠. 앞으로도 선거 자체에 변수가 많아지더라도 표본을 가장 잘 확보하기 위한 노력이 있다면 선거 결과에 대한 예측은 더욱 정확해질 것입니다.

선거 날, 내가 지지하는 후보에게 표를 주는 것도 재미있지만 예측 기관들의 결과가 얼마나 정확한지 살펴보는 재미도 매우 쏠쏠하니 앞으로 눈여겨보길 바랍니다.

함께 읽으면 좋은 책들

11 밥벌이는 고단하다, 일의 의미

우석훈·박권일, 『88만 원 세대』, 레디앙, 2007년
이철수 외 4명, 『나는 무슨 일 하며 살아야 할까?』, 철수와영희, 2011년

12 소득 수준은 점점 나아지고 있을까

유아사 마코토, 『덤벼라, 빈곤』, 찰리북, 2010년

13 베이비 부머와 에코 세대의 삶

송양민, 『밥·돈·자유』, 21세기북스, 2010년
엠브레인트렌드모니터, 『캐치업 2013』, 북노마드, 2012년

14 더 이상 개천에서 용이 나지 않는 사회

구을회, 『空교육은 죽이고 思교육만 살리자』, 도서출판한강, 2011년
이현택, 『사교육의 함정』, 마음상자, 2012년

15 노인을 위한 나라는 없다

어니스트 헤밍웨이, 『노인과 바다』
시몬 드 보부아르, 『노년: 나이듦의 의미와 그 위대함』, 책세상, 2002년

16 그 많던 여대생은 모두 어디로 갔을까

우리교육 출판부, 『세상의 절반, 여성 이야기』, 우리교육, 2010년
경향신문 인터랙티브팀, 『알파 레이디 리더십』, 들녘, 2012년

4장

함께 사는 세상이
더 아름답다

정의와 복지 그리고 참여

안전한 사회에서
살고 싶다

키워드 위험 사회, 사회변동, 범죄율

2012년 8월, 여의도에서 벌어진 칼부림 사건의 악몽이 채 가시기도 전에 성폭력 전과자의 가정주부 살해 사건, 나주 어린이 성폭행 사건이 연달아 일어나며 우리를 큰 충격에 빠뜨렸다. 우리는 범죄를 비롯해 환경오염, 먹을거리 문제 등 사회 전반에 걸친 각종 문제들로 큰 불안에 시달린다. 안전과 관련한 통계를 살펴보며 위험과 불안을 어떤 시각으로 바라보고 어떻게 해결해야 할지 생각해 보자.

위험한 사회, 대한민국

2012년 6월, 대형 자연재해나 사이버 테러, 신종 전염병 같은 사회적 위험에 효과적으로 대처하기 위한 사회학자들과 과학자들의 포럼이 대대적으로 열렸습니다. 그 자리에서 "한국 사회는 '과거형 위험'과 '미래형 위험'이 공존하는 대표적인 위험 사회(Risk Society)다"라는 이야기가 나왔어요.

'위험 사회'라는 말은 독일의 사회학자 울리히 벡(Ulrich Beck)이 처음 사용한 표현이에요. 1986년 봄, 체르노빌 원자력발전소 폭발 사고를 지켜

보며 과거와 다른 위험이 존재하는 현대사회를 개념화한 것이죠.

그는 "현대사회의 위험은 과거에 경험했던 것과 달리 더 이상 특정 집단이나 지역에 한정되지 않고 초국가적이며 비계급적 특징을 보인다"라고 말합니다. 여기서 말하는 과거란, 과학과 기술의 발달로 근대화되기 이전의 사회를 뜻합니다.

과거의 위험 원인은 대부분 일부 지역에 한정된 자연재해였고 빈곤 같은 사회적 문제 또한 일부 계층에 국한된 것이었습니다. 일상에서 겪는 위험 역시 단순히 운이 나빠서 생긴 사고 정도로 여기며 넘길 수 있는 일들이었죠.

그런데 울리히 벡이 말한 현대사회의 위험 원인은 이런 것들과 차원이 다릅니다. 2011년 3월, 쓰나미로 일본 원자력발전소가 파괴되자 그 피해가 후쿠시마 지역에 그치지 않고 일본 전체를 뒤덮었던 것을 생각해 보세요. 현대사회의 위험은 이처럼 지역이나 집단을 초월하며, 예측과 통제가 어렵습니다.

울리히 벡에 따르면 최근에 우리가 경험하는 큰 위험은 대부분 성공적인 근대화로 인한 것인데, 근대화를 진행하면 할수록 위험의 규모가 더 커지는 딜레마가 생긴다고 합니다. 월드뉴스를 보면, 근대화가 안 된 사회에서는 자연재해의 위험이 있는 데 비해, 근대화를 이룬 사회에서는 인간이 만든 환경으로 인한 위협을 받게 됩니다. 그래서 경제가 발전할수록 위험 요소는 더 커지고 일상적이어서 더 심각한 문제가 됩니다.

우리는 대중매체를 통해 전 세계에 영향을 미치는 기후변화나 세대를 넘어 영향을 미치는 유전자 식품의 변형 문제, 사회의 크고 작은 범죄

등 다양한 위험을 접하며 두려움을 느낍니다. 그런데 속을 자세히 살펴보면 그러한 문제들은 과학기술의 발달과 사회구조적 원인에서 비롯된 것임을 알 수 있습니다.

그렇다면 우리나라 사람들은 현대사회의 위험과 안전에 대해 어떻게 생각하고 있을까요?

우리 사회는 얼마나 안전한가

다음 그래프를 살펴보면 우리 국민이 사회 전반의 안전에 대해 얼마나 부정적으로 인식하는지 확연히 드러납니다. 그래프 17-1은 2011년 한 해 사회 안전에 대한 만족도를 나타낸 표입니다. '범죄 위험'에 대해 불안하다고 느낀 사람들은 63.2%, '신종 전염병'에 대해 54.1%, '전쟁 등 국가 안보'에 대해 52.5% 그리고 '교통사고'에 대해서는 51.3%가 불안하다고 응답했습니다.

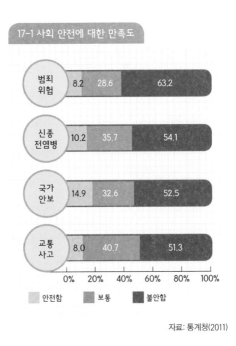

17-1 사회 안전에 대한 만족도

	안전함	보통	불안함
범죄 위험	8.2	28.6	63.2
신종 전염병	10.2	35.7	54.1
국가 안보	14.9	32.6	52.5
교통 사고	8.0	40.7	51.3

자료: 통계청(2011)

이 4개 항목에 '안전하다'고 느끼는 비율은 10% 내외로 나타나 우리 삶 전반에 사회 안전에 대한 불안이 짙게 깔려 있음을 알 수 있습니다. 그래프에 제시된 항목 이외에는 '건축물이나 주택'에 대한 불안 22.0%, '해킹 등 정보 보안'에 대한 불안이 44.0%로 그나마 적은 편으로 나타났습니다.

'불안'이란 말 그대로 어떤 대상에 대한 두려움으로 마음이 조마조마하고 걱정되는 현상을 말하죠. 그렇다면 우리 사회는 어떤 것에 대해 불안을 느낄까요? 우리가 생각하는 우리 사회의 주된 불안 요인들이 다음 표 17-2에 잘 정리되어 있습니다.

여러 항목 가운데 2010년 가장 높은 비율로 손꼽힌 요인은 국가 안보(28.8%)입니다. 이 항목은 2년 전인 2008년의 조사 결과보다 3배 가까이 증가했습니다. 북한과의 냉전 체제를 벗어나 햇볕 정책 등으로 인해 그 불안 요인이 상당히 완화되기도 했지만, 최근 북한과의 잦은 마찰로 국가 안보는 다시 우리의 삶을 위협하는 요인이 되고 있죠.

두 번째로 많이 지적된 요인은 범죄 발생(21.1%)입니다. 특히 남성보다 여성(26.2%)이 월등히 높은 비율로 이에 불안을 느낀다고 응답했어요. 제주 올레길을 홀로 걷던 여성이나 가족이 일하러 나간 뒤 집에 혼자 남은 여자아이가 끔찍한 범죄의 표적이 된 사건을 보면 당연한 결과입니다.

게다가 과거에 비해 홀로 사는 가구의 비율이 늘어나고, 집 안에서의 안전도 보장받기 어려워지면서 우리는 어디서나 범죄의 위험에 노출되어 있습니다. 또 '묻지 마 범죄'가 나날이 증가하면서 우리 모두가 익명의

(단위: %)

구분	국가 안보	범죄 발생	경제적 위험	도덕성 부족	환경 오염	신종 질병	인재	자연 재해	빈부 격차로 인한 계층 갈등	기타**	계
2008	10.5	18.3	15.4	8.6	13.5	8.6	6.9	9.3	5.5	3.4	100
2010	28.8	21.1	15.4	7.0	6.0	5.7	5.6	5.1	4.3	1.0	100
남자	30.7	15.9	17.2	8.1	6.0	5.1	5.9	4.9	5.1	1.2	100
여자	26.9	26.2	13.6	5.9	6.1	6.4	5.3	5.3	3.6	0.7	100

* 15세 이상 인구 대상 조사 ** 자원(에너지) 고갈 포함　　　　　　　　자료: 통계청(2011)

누군가로부터 범죄 피해를 당할 수 있는 가능성도 점점 커지고 있죠.

세 번째로 손꼽힌 불안 요인은 경제적 위험(15.4%)입니다. 무엇이든 돈을 들여 구매해야 하는 자본주의 경제에서 겪는 위험은 인간다운 삶을 위협합니다. 생활고를 이겨내지 못하고 극단적 선택을 하는 이들을 통해 경제적 위험이 사람들의 일상을 얼마나 파괴하는지 짐작할 수 있죠.

과거에 비해 사회적인 부는 매우 증가했지만, 빈곤이 주는 사회적 부담은 더 커진 사회에서 경험할 수밖에 없는 불안입니다. 금융 위기로 인해 사회 전반에 경제적 위험이 드리워진 현재 상태를 고려하면 이 또한 저소득층에 속한 일부 사람들만의 문제가 아닌 사회 전체의 문제로 보아야 합니다.

그 외의 불안 요인으로는 도덕성 부족·환경오염·신종 질병·인재(人災)·자연재해·빈부 격차 순으로 조사되었습니다. 이 항목들은 2년 전보

서울 마포구에 '소금길'이라는 곳이 있습니다. 컴컴하고 외져서 범죄가 자주 일어나던 이 길을 예쁜 벽화로 꾸며놓았더니 범죄율이 10%나 줄었다고 합니다.

다 그 비율이 많이 줄어들었는데, 그렇다고 해서 이에 대한 불안이 실제로 감소했다고 보기는 어렵습니다. 단지 앞서 살펴본 국가 안보와 범죄, 경제적 위험이 크게 대두되다 보니, 이 같은 요인에 대한 인식이 상대적으로 줄어든 거죠.

우리 사회에서 일어나는 범죄는 어느 정도일까

그렇다면 범죄는 실제로 얼마나 많이 일어나는 걸까요? 불안 요인 중 범죄에 대한 통계만 살펴보겠습니다. 표 17-3 〈범죄 발생 현황〉을 보면

연도	총 범죄 발생 건수(1,000건)		주요 범죄(건)					
		10만 명 당(건)	절도	살인	강도	강간	폭행 상해	미성년 성적 학대
1990	1,175	2,741	95,031	666	4,195	5,519	25,524	–
2000	1,868	3,893	165,261	964	5,349	6,982	49,838	360
2005	1,894	3,882	191,114	1,091	5,266	11,757	50,701	155
2010	1,917	3,750	268,007	1,262	4,395	19,939	180,365	152

자료: 대검찰청, 「범죄 분석」(각 연도)

2010년 우리나라에서 발생한 총 범죄 건수는 191만 7,000여 건으로, 이는 인구 10만 명당 3,750건 정도에 해당합니다. 너무 큰 숫자라 잘 와 닿지 않죠? 단순하게 말하면 인구 100명당 약 3.8건의 범죄가 발생한 거예요. 20년 전인 1990년과 비교하면 2배 가까이 늘어난 수치인데, 이 기간 동안 인구가 증가한 것을 감안하면 인구 10만 명당 1.3배 정도로 범죄가 증가한 셈입니다.

주요 범죄들을 항목별로 살펴보니 2010년 한 해 동안 폭행·상해가 약 18만 건, 강간이 약 1만 9,900건, 강도가 약 4,400건, 살인은 약 1,200건이 발생했습니다. 최근 특히 심각한 사회문제로 떠오르며 강력한 처벌이 요구되는 미성년 성적 학대는 150건 정도 발생한 것으로 조사됐지만, 이런 범죄는 피해 사실을 신고하지 않는 경우가 많기 때문에 실제 피해는 이보다 더 많을 것으로 추정합니다.

한 가지 걱정스러운 점은 폭행·상해나 강간 범죄가 지속적으로 늘어나고 있으며, 그 증가 폭이 다른 범죄에 비해 매우 가파르다는 거예요. 이것은 1차적으로는 범죄자 개인의 문제이지만, 사회적 측면에서 보면 절대 단순하게 바라볼 수 없는 심각한 문제입니다.

위험 사회의 또다른 원인, 스트레스

외국의 한 학자는 우리 사회를 '비동시적인 것이 동시에 공존하는 공간'이라고 했습니다. 여기서 말하는 비동시적인 것이란 농경사회·산업사회·정보사회와 같이 시간의 흐름에 따른 사회의 일정한 변화를 말합니다. 이것들이 공존한다는 의미는 급격한 사회변동으로 인해 농경사회·산업사회·정보사회의 특성이 한 사회 안에서 동시에 나타난다는 것입니다.

수백 년에 걸쳐 순차적으로 변화해야 할 현상이 한꺼번에 나타나다 보니 우리 사회 구성원들은 가치관의 혼란을 겪기도 하고, 그에 따라 여러 문제에 대한 위험에 노출되기도 합니다. 그 결과 우리 사회에는 농경사회에서 경험했던 과거형 위험과 근대화 이후에 나타나 예측이 어려운 미래형 위험이 동시에 존재합니다.

오늘날에는 앞서 살펴본 범죄 이외에도 환경오염이나 먹거리 안전성 문제 등 일상 전반에서 개인이 예견하기 어려운 위험이 많아 두려움이 높은 편입니다. 두려움이 커지면 심리적·신체적으로 긴장 상태에 놓이게 되어 스트레스가 증가합니다. 그러니 스트레스는 위험 사회에서 더 많이 감지될 수밖에 없습니다.

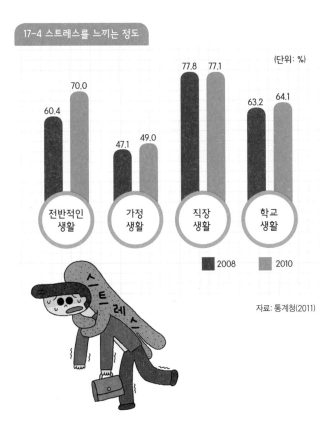

17-4 스트레스를 느끼는 정도

(단위: %)

77.8 77.1

70.0

63.2 64.1

60.4

47.1 49.0

| 전반적인 생활 | 가정 생활 | 직장 생활 | 학교 생활 |

■ 2008 ■ 2010

자료: 통계청(2011)

2010년 한 해 우리 국민이 삶의 각 영역에서 스트레스를 느끼는 정도를 조사한 결과(그래프 17-4)를 보면 70.0%가 생활 전반에서, 77.1%가 직장 생활에서, 64.1%가 학교 생활에서, 49.0%가 가정 생활에서 스트레스를 느낀다고 응답했습니다. 2년 전과 비교해 보면 가정과 학교, 직장에서 스트레스를 느끼는 정도에서는 큰 변화가 없지만, 생활 전반에서 스트레스를 느끼는 비율은 10%p 더 늘어나, 사회 자체에서 스트레스를 주는 요인이 증가했음을 짐작할 수 있습니다.

삶의 전 영역에서 스트레스를 느끼는 사람들이 늘어날수록, 이를 극복하지 못하고 극단적인 해결책으로 자살을 선택하는 비율도 높아집니다. 2010년에 실시한 통계청 조사에 따르면, 15세 이상 인구 가운데 "지난 1년 동안 한 번이라도 자살을 생각해 본 적이 있다"라고 대답한 사람은 7.7명 중 1명꼴이었습니다. 성별로 살펴보면 남성(6.3%)보다 여성(9.0%)이, 연령별로는 10대(10.1%)와 40대(8.6%)가 충동을 더 많이 느낀 것으로 조사되었습니다. 그 원인으로는 10대의 경우 학교 성적과 진학 문제(53.4%)가 압도적으로 높았고, 40대는 경제적 어려움(50.4%)과 가정불화(17.5%), 외로움 및 고독(10.7%) 순으로 응답했습니다.

사회적 위험이 증가하는 데 따른 스트레스 때문에 자기 안의 세계에 갇혀 고통스러워하거나 삶을 포기하는 것은 결코 바람직한 해결책이 아닙니다. 개인에게 근본적인 원인이 있는 것이 아니기 때문에 결코 혼자 해결할 수 있는 문제가 아닙니다.

또한 극단적인 선택은 다른 이들에게 우리 사회의 위험과 스트레스를 각인시켜 삶의 어려움을 가중시키는 결과를 낳습니다. 그렇다면 이러한 어려움을 해소하기 위해 우리는 어떻게 대처해야 할까요?

해결의 열쇠는 성찰적 근대화

다시 울리히 벡의 이야기로 돌아가보겠습니다. 그는 현재 우리가 경험하는 위험 사회를 근대화라는 사회 변동의 결과로 봅니다.

과학 기술의 발달과 함께 성장한 자본주의는 인류에게 물질적으로 풍요로운 삶을 가져다주었지만, 한편으로는 빈부 차이를 심화시켜 계급 문제를 더욱 공고하게 만들었죠. 그런 가운데서 인간은 경쟁이 과열된 노동 현장에서 소외를 경험하고 있습니다. 산업화의 산물인 온갖 화학물과 폐기물은 자연환경을 황폐하게 만들고, 각종 개발 정책은 새로운 인재를 불러일으킵니다. 더구나 이러한 재앙은 어디서, 어떻게, 어느 정도로 진행되고 있는지 예측하기 어려울 정도입니다.

이러한 위험 사회의 문제는 근대화*가 성공적으로 이루어진 나라에서 나타난다고 울리히 벡이 이야기합니다. 따라서 그가 내세운 해결책은 바로 이런 위험을 만든 근대화를 성찰적으로 바라보는 것입니다. 즉 성찰적 근대화의 방향으로 사회를 재구성해야 한다고 강조합니다.

현대사회에서 개인이 경험하는 위험과 불안의 원인을 비판적으로 검토하고, 이에 대한 시민들의 논의를 거쳐 사회적 안전망을 튼튼히 갖추어야 한다는 거죠. 이제 우리 사회도 위험을 만들어내는 사회구조의 문제점을 확인하고, 해결책을 찾고 적극적으로 노력해야 할 때입니다.

◆ **근대화** 정치·경제·사회·문화·가치관 등의 모든 면에서 사회구조적인 변동이 일어나 생활 조건이 발전하는 양상을 일컫는 표현. 대체로 근대화를 서구화와 같은 것으로 해석한다.

18

복지는
생활이다

키워드 **사회복지, 사회보험, 복지 서비스**

무상 급식, 반값 등록금 같은 복지 관련 이슈들이 끊임없이 우리 사회를 달구고 있다. 그만큼 복지 정책이 국민들의 삶의 질과 밀접하게 맞닿아 있는 문제이기 때문일 것이다. 우리나라의 복지 현황은 어떤 수준이며, 우리 국민의 생활은 나아지고 있는 걸까? 복지와 관련된 여러 통계를 통해 우리 사회의 복지 문제에 대해 살펴보자.

더 나은 삶을 가꾸기 위한 복지

요즘 우리 사회의 화두는 복지인 것 같습니다. 복지의 필요성을 이야기하는 사람들은 여러 가지 이유를 제시합니다. 어떤 이들은 우리 사회의 양극화 현상을 걱정하며 빈곤층을 위한 정책을 세우고 실행하는 데 힘써야 한다고 말하고, 어떤 이들은 출산율 문제를 해결하기 위해 적극적으로 복지를 향상시켜야 한다고 주장하죠.

한편에서는 국가의 경제 수준이 어느 정도 궤도에 올랐으니, 단순히 먹고사는 문제를 뛰어넘어 좀더 인간다운 삶을 누릴 수 있도록 복지 차원의 다양한 지원이 필요하다고 말합니다.

그런데 사회복지 정책을 시행하려면 돈이 듭니다. 그 돈은 당연히 국민들이 낸 세금과 사회보험료에서 나오는 것이고요. 국민들의 입장에서는 적은 돈을 내고 많은 복지 혜택을 누리고 싶겠지만, 복지 재정의 입출(入出, 수입과 지출)은 모두 세금과 사회보험료의 액수에 달려 있어서 쉽지 않은 문제입니다.

그래서 복지 정책과 관련한 논의에서는 늘 제한된 재정으로 누구를 위해 어떻게 정책을 수립하고 실행하느냐의 문제가 핵심이 되죠. 복지와 관련된 현황과 관련 문제들을 같이 살펴보겠습니다.

우리의 생활 여건은 나아지고 있는가

'월급과 자녀들의 성적은 안 오르고 물가만 오른다' '경제도 어렵고 돈이 없어서 살기 힘들다'는 이야기를 들어본 적 있을 거예요. 정말로 삶의 여건은 점점 나빠지고 있는 걸까요? 그렇다면 우리 국민들은 생활 여건, 특히 복지와 관련한 여건의 변화에 대해 어떻게 느끼고 있을까요? 표 18-1을 봅시다.

먼저 2011년 전반적인 생활 여건이 이전에 비해 좋아졌다고 인식한 비율은 30.9%, 변화 없다고 인식한 비율은 40.1%, 나빠졌다고 인식한 비율은 29.0%인 것을 보아, 좋아지거나 나빠졌다고 생각하는 비율은 거의 비슷합니다.

	계	전반적인 생활 여건			보건 의료 서비스			사회보장제도		
		좋아짐	변화 없음	나빠짐	좋아짐	변화 없음	나빠짐	좋아짐	변화 없음	나빠짐
2009*	100	33.3	41.9	24.8	42.4	50.3	7.2	30.2	55.7	14.2
2011**	100	30.9	40.1	29.0	39.5	49.8	10.7	31.6	51.3	17.1
지역별 도시	100	30.4	39.9	29.7	38.4	50.6	10.9	30.7	51.7	17.6
지역별 농어촌	100	33.5	40.7	25.8	44.1	45.9	9.9	35.7	49.5	14.8

18-1 생활 여건 변화에 대한 인식 (단위: %)

* 15세 이상 인구 대상 ** 19세 이상 인구 대상 자료: 통계청(2012)

그런데 2009년과 비교하면 좋아졌다는 인식은 2.4%p가 내려갔고 나빠졌다는 인식은 4.2%p가 올라갔으니, 2년 전과 비교하여 전반적인 생활 여건은 조금 더 나빠졌는지도 모릅니다. 보건 의료 서비스 역시 2009년과 비교해 나빠졌다는 인식이 조금 더 높아졌고, 좋아졌다는 인식은 조금 더 내려갔습니다. 다행히 사회보장제도는 좋아졌다는 인식이 다소 증가한 모습입니다.

지역별로 보면, 세 항목 모두에서 도시에 비해 농촌에서 좋아졌다고 느끼는 비율이 더 높게 나타났습니다. 나빠졌다는 인식 또한 농촌의 비율이 더 낮고요.

최근에 농촌 지역에 대한 복지 지원이 많이 이루어지면서 농촌 지역의 복지가 많이 개선된 결과로 보입니다.

우리나라의 사회복지 지출 규모

그렇다면 우리나라의 복지 수준은 어느 정도일까요? 그전에 먼저 보편적 복지와 선별적 복지를 구분해 봅시다. 선별적 복지가 경제적 여력이 있는 사람들이 낸 세금으로 아주 가난한 일부 사람들을 선별하여 돕는 개념이라면, 보편적 복지는 누진적 세금을 통해 얻은 재정을 활용해 모든 사람이 비슷한 수준의 복지 혜택을 누리도록 복지 정책을 펴는 개념입니다. 우리 사회에서 한참 논란이 되었던 무상 급식이 보편적 복지의 대표적인 사례죠.

이 둘은 각각 장단점이 있습니다. 보편적 복지의 경우 재원이 많이 필요한 대신 누구나 일정 수준의 삶의 질을 누릴 수 있죠. 단, 그로 인해 '복지병'의 문제가 발생할 수 있습니다. 복지병이란 정부의 적극적인 복지 정책으로 수혜를 받은 국민이 근로 의욕을 잃고 자활하려는 노력을 하지 않아서, 결국 자원만 축내는 현상을 일컫는 말입니다.

이와 달리 선별적 복지는 비용이 적게 들어 경제적 효율성이 높습니다. 하지만 복지 혜택을 받는 소수의 사람들이 느끼는 심리적 박탈감이 문제가 될 수 있습니다.

우리나라의 경우 의료나 교육 등에서는 보편적 복지의 모습을 어느 정도 차용하지만, 전반적으로는 선별적 복지에 가까운 복지 제도를 운영하고 있습니다. 그런 점에서 현재의 우리나라 복지 제도에서 복지병을 걱정할 정도는 아니라고 생각합니다. 구체적 수치를 통해 알아볼까요?

우리나라의 사회복지 지출은 지속적으로 늘어나고 있습니다. 표 18-2

연도	2003	2005	2007	2009
GDP(조 원)	767	865	975	1,065
사회복지 지출(10억 원)	45,533	60,842	79,967	110,548
국민 1인당 복지비용(1,000원)	951	1,264	1,650	2,268

자료: 보건복지부, 「한국의 사회복지 지출 추계」(2010)

〈사회복지 지출 규모 및 국민 1인당 복지비용〉을 통해 2003년과 2009년의 지출 규모를 비교해 볼까요? 우선 GDP(국내총생산)는 1.5배, 국민 1인당 복지 비용은 2.3배 정도 증가했습니다. '보건 의료 서비스'나 '사회보장제도'가 좋아졌다고 느끼는 비율이 2009년에 30%를 넘어선 것도 복지비용이 그만큼 증가했기 때문일 거예요. 이런 사회복지 지출의 대부분은 공공 부문, 즉 정부 재정에서 나옵니다.

그럼에도 불구하고 OECD 여러 나라와 비교할 때 우리의 사회복지 지출 수준은 매우 낮은 편입니다. 2009년 사회복지 지출 수준을 OECD 주요 회원국과 비교하면 우리나라는 경상 GDP 대비 10.38%로, OECD 회원국 평균인 19.84%의 절반 수준입니다.

유럽에서 보편적 복지를 행하는 국가로 유명한 프랑스(28.75%)·스웨덴(27.70%)·덴마크(26.35%)는 논외로 하더라도, 생산적 복지*로 복지 정책의 기조를 바꾼 영국(19.36%)이나 선별적 복지를 실행하는 미국(16.5%)과 비교해도 매우 낮은 편입니다.

나라마다 인구 고령화 수준이 다르고 복지 제도의 유형이 달라서 생긴 결과라고 할 수도 있지만, 기본적으로 우리나라의 사회복지 지출이 세계적인 수준과 비교할 때 얼마나 낮은지 알 수 있죠. 이 정도면 복지병을 염려하기보다 오히려 복지 부족을 걱정해야 하는 것은 아닐까요?

사회보험료에 대한 우리의 인식

정부가 부담하는 사회복지 비용도 상당하지만 개인들이 부담하는 비용도 많습니다. 앞서 이야기한 것처럼 사회복지는 국민의 주머닛돈과도 관련이 있습니다. 기본적으로 국가가 전액을 지원하는 공공 부조*에 해당하는 복지 제도도 있지만, 보험료의 일부를 개인 소득으로 충당하고, 나머지를 정부나 회사 등의 기관이 보조하는 사회보험* 성격의 제도 역시 많이 시행되기에 개인이 부담하는 비용이 만만치 않습니다.

국민들은 세금과 함께 사회보험료를 냄으로써 복지 제도를 위한 재원을 제공합니다. 그런데 상당히 많은 복지 제도, 특히 그중에서도 '사회보험'은 지금 당장의 어려움이 아닌 미래의 위험을 대비하기 위한 지출이라서 대부분의 사람들이 아깝다고 생각합니다.

건강보험은 언젠가 아플 때 지출될 의료비

18-3 사회보험료 부담에 대한 인식

(단위: %)

	계*	건강보험			국민연금			고용보험		
		부담됨	보통임	부담 안 됨	부담됨	보통임	부담 안 됨	부담됨	보통임	부담 안 됨
2009**	100	66.2	27.2	6.6	66.9	27.2	5.9	40.9	43.2	15.9
2011***	100	68.4	26.1	5.6	65.3	28.9	5.8	42.1	43.8	14.1
직업별 전문 관리	100	64.5	29.9	5.6	63.9	30.5	5.6	43.7	43.2	13.1
사무	100	66.7	28.6	4.7	65.6	29.9	4.5	38.9	46.8	14.3
서비스 판매	100	72.3	23.1	4.6	68.1	26.6	5.3	46	41.5	12.5
기능 노무	100	69.4	25.4	5.3	65.6	28.4	6	40.7	43.9	15.4

* 사회보험료 납부자 대상 조사　** 13세 이상 인구 대상　*** 15세 이상 인구 대상

자료: 통계청(2012)

를 미리 준비하는 것이고 국민연금은 퇴직 후 노후 생활 자금을, 고용보험은 실직할 경우 쓸 생계비를, 산업재해보상보험은 근로 중 재해를 당했을 때를 대비한 것입니다.

　현재의 삶을 살아가야 하는 사람들 입장에서는 매달 사회보험료를 내기 위해 당장의 이익을 포기하는 것이 선뜻 내키지 않을뿐더러, 경제 상황이 나빠지면 사회보험료는 더욱더 부담이 됩니다.

　2011년 한 해 사회보험료를 낸 사람들은 이에 대해 얼마나 부담을 느끼는지 알아볼까요? 통계청의 조사 결과인 18-3표를 봅시다. 2011년 사회보험료 납부자 가운데 건강보험료에 대해선 68.4%가, 국민연금에 대해선 65.3%, 고용보험에 대해선 42.1%가 부담을 느낀다고 대답했습니다.

　2011년에 건강보험·국민연금·고용보험 모두에서 부담을 느낀다고 응

답한 비율이 가장 높은 직업군은 서비스 판매업입니다. 이 직종에는 개인 사업을 하는 사람들이 비교적 많이 속해 있어서, 경제 사정에 따라 소득이 크게 좌우되는 경우가 많기 때문일 것입니다.

경제적으로 안정되고 대개 소득이 높은 전문 관리직 종사자의 경우, 다른 직종에 비해 부담을 느끼는 비율이 비교적 낮긴 하지만 부담이 된다고 응답한 비율 역시 마찬가지로 높습니다.

사회보험료를 많이 내더라도 향후에 돌아올 복지 혜택이 아주 풍족하고 안정적이라면 이런 부담감은 들지 않을 겁니다. 현재의 살림살이도 어려운데 먼 미래를 걱정하면서 살아야 하니 부담감이 더하죠.

이런 현실에서 복지사회가 제대로 실현되어, 누구나 사회보험료를 내는 일에 부담을 느끼지 않는 때가 오기를 기대하는 것은 무리일까요?

저임금 노동자를 위한 두루누리 사업

저소득층 노동자들은 사회보험료가 부담스러워 아예 사회보험에 가입할 엄두를 내지 못합니다. 2011년 4월에 고용노동부가 시행한 조사는 매우 놀랍습니다. 10인 미만의 사업장에서 월 평균 125만 원 이하를 받는 노동자 가운데 고용보험과 국민연금에 가입한 사람은 25%에 불과했습니다. 게다가 그중 60%가량이 사회보험에 가입할 의사가 없다고 답했습니다. 이들에게는 갑작스러운 위험에 대비하는 것보다 현재 먹고사는 문제가 더욱 중요하기 때문에 사회보험료를 내기가 쉽지 않습니다.

정부는 이러한 사람들을 위해 2012년 2월부터 일부 지역 노동자들에게 사회보험료를 지원하는 정책을 시범적으로 실시했고, 7월부터 전국적으로 확대했습니다.

사회복지 서비스가 가장 필요해

공공 부조나 사회보험제도 이외에 '사회복지 서비스'*라는 것이 있습니다. 직접적인 경제적 지원이 아니라 말 그대로 서비스를 지원하는 거죠.

사회가 고령화되고 저출산으로 인해 인구구조가 크게 달라지고 핵가족이 늘어나면서, 가족 구성원을 돌보는 일을 가정 내에서 해결하기 어려운 시대가 되었습니다.

그러다 보니 장애인과 같은 사회적 약자를 위한 복지 서비스뿐만 아니라 노인이나 자녀 세대를 위한 사회적 지원이 필요해졌어요. 혼자서 일상생활을 수행하기 불편한 노인들을 대신해 시장을 본다거나 아동들

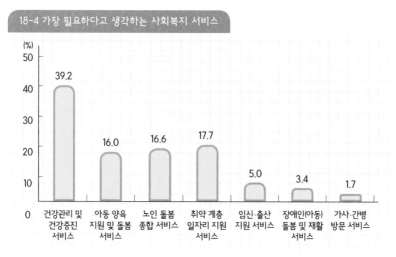

18-4 가장 필요하다고 생각하는 사회복지 서비스

자료: 통계청(2012)

222

을 위한 보육 시설을 마련해
주고, 실직자들에게 일자리를
찾아주는 교육과 상담을 실시
하며, 한 부모 가정의 자녀 돌
보는 일 등을 통해 이 제도의
성격을 파악할 수 있습니다.

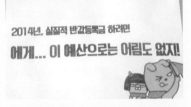

그러면 국민이 원하는 복지
서비스에는 어떤 것들이 있을
까요? 앞의 그래프 18-4를 보
면, 국민이 가장 필요로 하는
복지 서비스 1위는 '건강관리
및 건강 증진 서비스'로 나타
났습니다. 그다음은 '취약 계
층 일자리 지원 서비스' '노인

우리나라 대학의 연평균 등록금은 670만
원. 지난 10년간 사립대는 53%, 국립대는
70%나 올랐다고 합니다. 반값 등록금 문제
를 두고 선별적 복지와 보편적 복지에 대한
논쟁이 계속되었습니다.

돌봄 종합 서비스' '아동 양육 지원 및 돌봄 서비스' 순이었습니다.

이것은 아마도 경제적 어려움, 저출산과 고령화 현상이 나타나는 우
리 사회의 모습이 그대로 반영된 결과로 보입니다. 고령화 사회에서 건
강한 삶을 살아가는 것이 가장 중요하다고 생각해서인지, 앞으로 더 필
요한 공공시설을 묻는 문항에서도 1순위는 '보건 의료 시설'로 절대적인
우위를 차지했습니다.

우리는 분명히 과거에 비해 잘삽니다. 그런데 최근 들어 기초 생활 수
급자도 줄어들지 않고, 상대적 빈곤도 늘어나는 추세입니다. 세계화와

정보화 등으로 과거 어느 때보다 긴밀히 연결된 세계에서, 미래의 위험은 더욱 모호할 뿐만 아니라 커지고 있습니다. 기대 수명은 훨씬 길어지고 있고요. 우리 사회는 진정 더 많은 사회복지가 필요한 사회로 변모하고 있습니다.

◆ **생산적 복지** 과다한 시혜적 복지가 아닌, 근로 의욕과 저축 동기를 부여하고 근로자의 자활 및 자립을 지원하기 위한 복지 제도.

◆ **공공 부조** 국가나 지방자치단체의 책임 아래, '생활이 어려운' 국민에게 최저 생활을 보장하고 자립을 지원하는 제도로 기초생활 수급자를 대상으로 한 생계비나 의료비 지원이 해당된다.

◆ **사회보험** 건강보험·국민연금·고용보험·산재보험의 네 종류가 있으며 보험료는 정부, 사업주, 피보험자가 공동으로 부담하는 경우가 많다.

◆ **사회복지 서비스** 국가·지자체·민간 부문의 도움을 필요로 하는 '모든' 국민에게 상담·재활·교육·복지 시설 이용 등을 지원하는 제도. 빈곤층에게 경제적으로 지원을 하는 공공 부조와 달리, 사회복지 서비스는 전 국민에 대한 비경제적 보상의 성격을 지닌다.

19

조금 달라도 괜찮아,
다문화 국가

키워드 다문화 사회, 다민족·다인종 국가, 이주민

우리 주위에서 다문화 가정 아이들이나 해외 이주민을 발견하는 것은 더 이상 특별한 일이 아니다. 영화 〈완득이〉의 캐릭터 도완득과 그의 가족 이야기가 우리 이웃의 이야기일 법하고, 상점이나 길거리에서 외국인을 마주치는 일이 전혀 낯설지 않다. 우리나라는 어떻게 이처럼 빠르게 다민족·다인종 국가로 변화했을까? 해외 이주민들은 우리나라에서 어떻게 살고 있을까?

다민족·다인종 국가와 다문화 사회

요즘에는 주변에서 외국인을 쉽게 볼 수 있습니다. 현재 우리나라엔 얼마나 많은 외국인이 있을까요? 한 가지 짚고 넘어가야 할 점은, 해외에서 건너온 사람들이 모두 외국인은 아니라는 거예요. 외국에서 이주해 왔더라도 대한민국 국적을 얻게 되면 그 사람은 더 이상 외국인이 아니에요.

어찌 되었든 최근 들어 우리나라는 이주민이 증가하면서 다양한 인종과 민족이 어울려 사는 다민족·다인종 국가가 되었습니다. 이와 비슷한

맥락으로 다문화 사회라는 표현도 많이 들어보았을 거예요.

이 둘은 얼핏 같은 말인 듯 보이지만 그 뜻이 조금 다릅니다. 무엇이 다르냐고요? 우선 이 의문부터 해결해 보죠.

다민족·다인종 국가는 한 국가 안에 다양한 인종이나 민족이 함께 살아가는 상태를 말합니다.

우리나라의 경우 1980년대만 해도 0.1%의 이주 외국인밖에 없었으니 다민족·다인종 국가라고 하기 어려웠어요. 그런데 표 19-1 〈우리나라 국민 대비 등록 외국인 비율〉을 보세요. 2005년을 기점으로 외국인이 전체 국민 대비 1.01%를 차지하더니, 2011년에는 그 비율이 2%를 넘어섰습니다. 이런 변화를 보면 외국인의 비율이 얼마나 빠르게 급증하고 있는지 알 수 있죠.

사실 다민족·다인종 국가를 구분하는 데 필요한 이주 외국인의 비율이 공식적으로 정해져 있진 않아요. 보통 체류하는 외국인이 5% 이상일 경우 다민족·다인종 국가라고 볼 수 있습니다. 그런데 '단일 민족'을 소리 높여 외쳐온 우리의 역사와 정서를 고려하면, 6년 만에 외국인 비

연도	1980	1985	1990	1995	2000	2005	2011
한국인 (1,000명)	38,123	40,805	42,869	45,092	47,008	48,138	48,710
등록 외국인(명)	40,519	40,920	49,507	110,028	210,249	485,144	978,237
비율(%)	0.1	0.1	0.11	0.24	0.44	1.01	2.01

19-1 우리나라 국민 대비 등록 외국인 비율

자료: 통계청(2012)

율이 2배로 뛰어 전체 국민의 2% 수준에 도달한 지금 우리나라를 다민족·다인종 국가라고 해도 크게 무리는 없어 보입니다.

이와 달리 다문화 사회는 인종이나 민족의 절대적인 수에 한정하지 않고, 한 사회에 다양한 문화가 공존하는 상태를 가리킵니다. 다양한 문화 집단이 같이 살아가는 모습 그 자체, 나아가 다양한 문화 집단이 다른 집단의 고유한 문화를 존중하면서 공존하는 그 자체를 말하죠. 대체로 인종이나 민족이 중심이 되기는 하지만, 성·계층 등 다양한 문화적 특징을 가진 집단까지 고려하여 다문화라고 이야기합니다.

다문화 사회는 다민족·다인종 국가보다 다양성의 범주가 더 넓고, 단순히 다양성뿐 아니라 '공존'을 강조한다는 점에서 차이를 보입니다. 우리나라를 다문화 사회라고 할 수 있을까요? 우리 사회의 다양성이 증가한 것에만 초점을 맞춘다면 그렇다고 할 수 있습니다.

그런데 정말로 우리나라에서 다양한 문화 집단이 고유한 문화적 독특성을 인정받으며 공존하고 있는지에 대해선 사실 의문을 가진 사람들이 많아요. 따라서 우리나라가 다문화 사회가 아니라고 말하는 이들도 있답니다.

다민족·다인종 국가로의 변화를 이끈 원인

전체 국민의 2%를 차지하는 외국인들은 어떤 이유로 우리나라에 오게 된 걸까요? 공부하기 위해 온 유학생, 일하러 온 근로자, 배우자를 찾아서 온 사람 등 그들의 이주 사유는 다양합니다. 그리고 북한 이탈 주민의 경우는 인종이나 민족 측면에서 보면 동일할지라도 문화 측면에서 큰 차이가 나기에 이주민으로 보아야 합니다.

우리나라가 다민족·다인종 국가가 되어가고 있는 가장 큰 요인은 바로 '이주의 시대'로 지구촌이 달라졌기 때문입니다. 2차 세계대전이 끝난 뒤 냉전 체제 시기엔 상품이나 자본이 국가 경계를 자유롭게 넘나드는 일이 무척이나 힘들었어요. 1970년대까지만 해도 우리나라 사람들 역시 자유로운 해외 여행을 꿈꾸기조차 어려웠답니다.

그런데 지구촌 내 세계화가 본격화되면서 여러 국가의 상호 의존성이 강해지고, 국가 경계가 약해지기 시작했습니다. 상품의 거래뿐만 아니라 자본도 쉽게 이동하게 되었죠. 사람도 예외가 아닙니다.

현재 전 세계 인구의 약 2%가 이주민으로 살아가고 있는 데다, 과거에 비해 이주의 양상도 매우 다양해졌습니다. 우리나라 역시 다양한 이유로 외국으로 나가는 사람들이 많아졌고, 우리나라로 이주해 오는 사람들도 많이 늘어났죠. 그 결과 다른 민족이나 다른 문화 배경을 가진 이주민이 낯설지 않게 되었어요.

가장 주목해야 할 결혼 이주민

그럼 이제 우리나라에 살고 있는 이주민들에 대해 본격적으로 살펴봅시다. 사실 다민족·다인종 국가를 만드는 데 가장 크게 공헌한 집단은 이주 노동자와 결혼 이주 여성입니다.

이주 노동자의 역사는 1980년대 이후 우리나라의 활발한 경제성장에서 찾을 수 있습니다. 거의 완전고용에 가까웠던 1980년대 말에는 일자리가 넘치는 상황이었어요. 그러다 보니 굳이 3D 직종에 종사하려는 사람들이 없었고, 이에 노동력 부족을 호소하던 기업이 자연히 외국인 노동자를 원하게 되었죠.

초기에 이주 노동자는 '노동자'라고 하기보다는 '산업 연수생' 신분이었지만, 2004년부터 외국인 고용 허가제*가 도입되면서 공식적으로 허가를 받고 이주하게 되었습니다.

그런데 이들에게는 3년 제한 근무, 가족 동반 금지 등의 여러 제약이 있었습니다. 그런 이유로 불법 체류자가 생겨났습니다. 최근 들어 우리 경제가 나빠지면서 이들이 우리 일자리를 빼앗아 간다고 여기는 사람들 때문에 갈등이 생기기도 합니다. 그들이 3D 직종에 종사하면서 한국 경제에 공헌한 것은 전혀 생각하지 않고서 말이에요.

한편 결혼 이주 여성은 우리와 일상생활을 함께합니다. 사실 우리나라 사람들은 전통적 정서상 외국인과의 결혼을 크게 반기지 않습니다. 그럼에도 불구하고 외국인 배우자를 맞이할 수밖에 없는 상황이 벌어졌죠. 그 중심에 있는 사람들이 바로 1955년부터 1963년 사이에 태어난 베이비 부머들입니다.

1963년에 태어난 남성들은 결혼 적령기 때 자신보다 서너 살 어린, 1967년을 전후하여 태어난 여성들을 배우자감으로 선호했습니다. 그런데 베이비 붐이 끝나면서 출산율이 감소하고 남아 선호 사상으로 인해 같은 해의 출생 성비도 남성이 더 높은 불균형 상태죠. 때문에, 여성 배우자감이 부족한 현상이 나타납니다.

이러한 현상은 1963년생 이후에 태어난 남성들에게 지속적으로 나타납니다. 보통 남성이 평균적으로 30세를 전후하여 결혼을 하니, 그전에는 이런 상황을 깨닫지 못하고 있다가 1990년대 말부터 농촌 총각 결혼 문제가 부각되면서 본격적으로 사회문제가 되기 시작했죠.

신붓감 기근의 해결책으로 제시된 이들이 바로 외국인 신부입니다. 처음에는 중국 교포 여성이 외국인

연도	총 결혼 건수	국제결혼 건수	외국인 아내		외국인 남편	
			혼인 건수	구성비(%)	혼인 건수	구성비(%)
1991	416,872	5,102	663	13.0	4,439	87.0
1995	398,484	13,494	10,365	76.8	3,129	23.2
2001	320,063	15,234	10,006	65.7	5,228	34.3
2005	316,375	43,121	31,180	72.3	11,941	27.7
2012	327,073	28,325	20,637	72.9	7,688	27.1

19-2 전체 결혼 가운데 국제결혼 가정의 비율

자료: 통계청(2013)

신부 중 으뜸으로 뽑혔어요. 그러다가 그 수가 모자라자 점점 다양한 국가의 여성이 부족한 신붓감 자리를 메우기 위해 우리나라를 찾게 되었죠.

베이비 붐 세대 이후에도 출산율은 계속해서 낮아지고, 남아에 비해 여아가 적게 태어나는 현상도 여전해서 신붓감 부족은 오늘내일 끝날 일이 아닙니다.

예전에는 주로 농촌에 한정되었던 국제결혼이 이제는 도시에서도 많이 이루어지고 있죠. 해마다 늘어나는 국제결혼은 이제 우리나라 결혼 10건 중 1건 이상을 차지할 정도입니다.

이주민은 우리 사회를 어떻게 바꿀까

이주민들은 그들의 삶의 방식, 즉 '문화'를 같이 가져옵니다. 우리와 다른 의식주 생활 방식·가치·종교 등 다채로운 삶의 양식이 들어옴으로써 우리 사회와 문화는 더욱 다양해집니다. 특히 이주민들이 모여 살면서 그들만의 고유한 삶의 방식을 재현할 경우 색다른 경관을 만들어내어 관광지 아닌 관광지가 되기도 한답니다.

그렇다고 이주민이나 그들의 문화가 쉽게 환영받는 것은 아닙니다. 단일 민족 이데올로기가 강하고, 일제강점기의 문화 말살 경험과 함께 미국의 문화 이식 경험이 있는 한국인에게 다른 문화는 기본적으로 배격의 대상입니다. 그로 인해 우리 문화의 정체성 유지라는 명목 하에 다른 문화에 편견을 갖고 차별하는 일이 문제가 되곤 하죠.

다문화 가정이 함께하는 축구 한마당에서 한 가족이 공굴리기를 하며 즐거운 시간을 보내고 있습니다. 이처럼 결혼으로 맺어진 다문화 가정은 자연스럽게 우리 사회의 다양성을 길러줍니다.

우리나라에 오는 이주민의 상당수는 경제적으로 어려운 국가 출신들입니다. 그러다 보니 우리는 그들의 문화를 비하하거나 편견을 갖고, 심한 경우 차별도 합니다. 결혼을 위해 이주해 온 한 외국인 여성은 AIDS를 옮길지 모른다는 이유로 대중목욕탕 출입을 거부당했고, 인도에서 교환교수로 온 외국인은 버스를 타고 가던 중 얼굴이 검다는 이유로 인종 차별적인 욕설과 함께 "너희 나라로 돌아가라"는 치욕적인 말을 듣기도 했습니다.

이주민이 늘어나면서 일상적인 차별과 편견도 점점 많아지는데, 이를 해결할 만한 제도나 법은 제대로 마련되어 있지 않습니다. 무엇보다 심각한 문제는 이런 차별이 얼마나 잔인한 인권 침해 행위인지 헤아리지

232

못하는 사람이 너무나 많다는 거예요.

이를 해결하기 위해 인종 차별 금지법을 만들자는 논의가 있었지만 아직은 감감무소식입니다. 인종이나 민족에 대한 차별의 경우 현재 우리의 법으로는 모욕죄 정도로만 처벌이 가능한 수준이고요.

사실 이주민에 대한 차별과 편견의 이면에는 민족의 전통을 이어받은 자신의 정체성이 훼손되지 않을까 하는 우려가 담겨 있어요. 한 사회에서 오랫동안 유지된 전통은 그 사회의 문화 전반에 영향을 미칩니다. 여기에 익숙한 사람들은 외부에서 온 문화로 인해 삶의 양식이 달라지는데 거부감을 느낄 수밖에 없습니다.

그런데 이 '전통'은 언제부터 만들어진 걸까요? 예를 들어 고추가 보편적인 식재료로 두루 쓰인 지 그리 오래되지 않았다는 점을 떠올려봤을 때, 한국인이 선호하는 얼큰하고 매운 음식들을 우리의 전통 음식이라고 할 수 있을까요? 더구나 한국인들 중에도 매운 김치를 아예 못 먹거나 싫어하는 사람들도 많은데, 이들에게 한국인의 전통과 정체성이 없다고 말할 수 있을까요?

지난 역사를 되돌아보면 우리 사회의 전통문화는 늘 외부에서 들어온 다양한 문화와 상호작용하며 변화하고 축적되어 왔습니다. 그러니 오늘날 이주민의 문화 역시 우리의 문화와 전통을 훼손하지 않고, 오히려 더욱 풍부하게 해줄 수 있습니다.

이 점에서 이주민의 문화는 편견과 차별의 대상이 아니라 함께 살아가면서 우리의 문화를 발전시켜 줄 새로운 문화 요소로 보아야 합니다.

2012년 미국 애틀랜타의 어느 커피 매장에서 일어난 일입니다. 음료를 주문한 한국인에게 종업원이 찢어진 눈을 그려 넣은 컵을 건네면서 사건이 발생했습니다. 종업원은 음료를 구분하기 위해 주문한 사람의 이름 대신 그림을 그린 것이었겠지만, 이는 분명히 인종 차별적 행위입니다. 심지어 매장 측은 사과는커녕 무성의한 태도로 대응했죠. 분노한 고객은 SNS를 통해 이 사건을 널리 알렸고 한동안 그 커피 매장에 대한 불매 운동이 진행되기도 했습니다. 결국 본사에서 "어떠한 차별도 용인할 수 없다"는 성명서를 발표하고 문제를 일으킨 종업원을 해고하면서 사건이 마무리되었습니다.

그런데 입장을 바꾸어, 우리나라에서 외국인들이 겪는 차별 문제를 생각해 보면 그 심각성을 가늠할 수 있을 것입니다. 앞으로 건강한 다문화 사회를 만들기 위해서는 우리 사회에 깊이 뿌리를 내린 인종 차별적 문화를 계속해서 공론화하고 스스로의 태도를 되돌아보는 노력이 필요합니다.

다민족·다인종 국가로서 우리의 미래

우리 사회를 다민족·다인종 국가로 만드는 요인은 점차 변화하고 있습니다. 경제 위기로 인해 이주 노동자의 수요가 줄어들기도 했고, 과거에 비해 남아 선호 사상이 약화되면서 신붓감 부족 문제도 점차 해소될 것입니다.

반면에 세계화가 더욱 가속화되고, 외국과의 교류 또한 다양한 방식으로 급증하고 있습니다. 이에 따라 앞으로 우리 사회는 다민족·다인종 국가로서 더 많은 변화를 겪을 것으로 예견됩니다.

한국보건사회연구원의 연구 결과에 따르면, 2050년에 이르러서는 우리나라의 국제결혼 인구가 210만여 명으로 늘어나 인구 약 20명 중 1명(5.11%)이 다문화 가정의 구성원이 된다고 합니다. 이때 영·유아 아동 인구의 24.7%, 초등학생의 15.3%, 중학생의 12%, 고등학생의 10.1%가 이주 배경을 가진 다문화 가정의 자녀가 될 것이라고 해요. 정말 많지 않나요?

이제는 다양한 민족과 인종의 사람들이 한국인이라는 정체성을 공유하며 살아가는 일이 일상이 될 겁니다. 겉모습만 다민족, 다문화 국가가 아니라 다양한 민족과 다양한 종교, 다양한 지역의 문화가 서로 존중받으며 어울리는 다문화 사회로 발전하는 게 좋겠지요?

◆ **외국인 고용 허가제** 국내 인력을 구하지 못하는 기업이 정부(고용노동부)로부터 고용 허가서를 발급받아 외국인 근로자를 합법적으로 고용하는 제도. 그런데 이주 노동자들은 이에 반대하면서 외국인 고용에서 신고제로 전환해 줄 것을 요구하기도 한다. 즉 한국의 기업이 고용할 이주민을 결정하는 것이 아니라, 워킹비자를 받은 이주민들이 스스로 일할 기업을 선택하게 해달라는 것이다.

대한민국의
국민이 되기 위한 조건

키워드 국민 정체성, 사회적 거리감, 다문화 수용성

지하철을 타고 가다가 외국인으로 보이는 사람이 옆 자리에 앉으면 나는 어떤 행동을 할까? 나의 가족이 외국인과 결혼을 한다면 나는 어떤 반응을 보일까? 나는 외국인과 어느 정도의 거리감이 있을까?

국민 정체성, 누가 한국 사람인가

누가 한국인인지 답을 하기 전에 거꾸로 누가 외국인인지부터 생각해 봅시다. 외국인의 반대말은 내국인입니다. 그 사람이 내국인인지 외국인인지 판단하는 단 하나의 조건은 바로 '국적'입니다. 현대의 국가 개념에서 국민은 그 나라의 시민권, 즉 국적을 가진 사람이니까요.

이 조건을 생각하면 누가 한국인인지는 명확해집니다. 바로 한국 국적을 가진 사람들이죠. 우리나라의 시민권을 가질 수 있는 방법은 몇 가지가 있습니다. 첫째, 부모 중 한쪽의 국적이 대한민국일 경우 자녀는 대한

민국 시민권을 가질 수 있습니다. 이처럼 부모에 의해 시민권이 부여되는 방식을 '속인주의(屬人主義)'라고 합니다. 반면에 미국은 미국 본토를 비롯한 미국령(괌, 푸에르토리코 등)에서 태어난 사람에게도 시민권을 부여하는데, 이러한 방식을 '속지주의(屬地主義)'라고 합니다.

둘째, 원래는 외국인이었던 사람이 한국에 귀화하거나 입양되어 시민권을 얻는 방법입니다. 한국인 배우자와 결혼해서 귀화하거나 한국에 오래 살면서 귀화하는 경우가 모두 이에 해당되죠.

이처럼 한국인과 외국인을 구별하는 기준은 대한민국 시민권의 획득 여부입니다. 한국계이지만 미국에서 태어나 미국 시민권을 가진 사람은 한국계 미국인이지 한국인은 아니에요. 아프리카계이지만 귀화하여 한국 국적을 가지고 있다면 한국인이죠.

하지만 실제로 우리가 한국인과 외국인을 구별할 때는 다른 기준을 갖고 있습니다. 한국계 미국인을 보고 한국인이라 생각하고, 귀화한 필리핀계 한국인을 보고 외국인이라고 생각하지는 않는가요? 아직까지 우리가 내국인과 외국인의 구별 기준을 민족이나 종족으로 삼기 때문에 이런 일이 일어납니다. 우리나라는 다른 나라보다 유독 그런 경향이 강해요.

내국인과 외국인을 판단하는 기준을 보면 그 나라의 국민 정체성을 파악할 수 있습니다. 일반적으로 국민 정체성을 판단하는 기준은 크게 종족(種族)적 요인과 시민(市民)적 요인으로 나뉩니다. 단일 민족 이데올로기를 중요하게 여기는 우리나라 사람들은 두 가지 요인 가운데 무엇에 더 비중을 둘까요?

다음의 표 20-1은 진정한 한국인이 되기 위한 자격 조건이 무엇이라

20-1 진정한 한국인이 되기 위한 자격 조건*	2003	2010	(단위: 점) 증감
종족적 요인			
한국에서 태어나는 것	3.21	3.14	-0.07
한국인 조상을 가지고 있는 것	3.06	2.91	-0.15
한국의 문화적 전통을 따르는 것	-	3.09	-
생애의 대부분을 한국에서 사는 것	2.97	2.87	-0.10
유교의 가르침을 따르는 것	2.34	-	-
시민적 요인			
한국인임을 느끼는 것	3.48	3.52	0.04
한국 국적을 갖는 것	3.35	3.40	0.05
한국의 정치제도와 법을 존중하는 것	3.02	3.23	0.21
한국어를 할 수 있는 것	3.37	3.22	-0.15
한국어를 유창하게 할 수 있는 것	-	2.81	-

* 4점 척도(매우 중요 4점, 매우 중요하지 않음 1점)로 응답한 것을 점수화함

자료: IOM 이민 정책 연구원·성균관대 서베이 리서치 센터, 「한국 종합 사회조사」(각 연도)

고 생각하는지를 조사한 결과입니다. 사람들에게 9~10개의 항목을 제시한 뒤 각 항목마다 한국인 자격 조건으로 '매우 중요하지 않다(1점), 중요하지 않다(2점), 중요하다(3점), 매우 중요하다(4점)'로 점수를 매기도록 했죠. 그리고 각 항목별로 응답한 사람들의 점수를 평균했습니다.

2010년 조사 결과를 보면 진정한 한국인의 자격 조건으로 제시된 9개의 기준 가운데 높은 점수를 받은 4개 항목은 '한국인임을 느끼는 것(3.52), 한국 국적을 갖는 것(3.40), 한국의 정치제도와 법을 존중하는 것(3.23), 한국어를 할 수 있는 것(3.22)'으로 나타났습니다.

4개 항목 모두 시민적 요인이죠. 따라서 2010년의 한국인들은 국민 정체성의 기준으로 종족적 요인보다 시민적 요인을 더 중시한다는 사실을 알 수 있습니다.

2003년 조사 결과와 비교해 보면 이는 더 명확히 드러납니다. 특히 '한국인 조상을 가지고 있는 것'이라는 인식은 두드러지게 감소했죠. 또한 시민적 요인 가운데에서도 '한국어 사용'에 대한 인식은 약화되고, '한국의 정치제도와 법 존중'을 중요하게 생각하는 사람들이 늘어났어요.

우리는 이 표를 통해 우리 사회의 종족이나 민족에 대한 이데올로기가 점차 느슨해지는 경향을 엿볼 수 있습니다. 다민족·다문화 사회로 가고 있는 우리의 현실을 고려하면 분명히 긍정적인 변화죠. 종족적 요인보다 시민적 요인을 국민 정체성의 기준으로 삼으면 다양한 문화를 이해할 수 있고, 외국인을 대하는 마음이 넓어지기 때문이에요. 그렇다면 과연 외국인에 대한 인식도 이렇게 달라지고 있을까요?

외국인에 대한 사회적 거리감

지하철을 이용한다고 생각해 봅시다. 만약 자리가 모두 비어 있다면 대부분은 의자의 제일 끝자리에 앉을 것입니다. 그 자리에 다른 사람들이 앉아 있다면 한두 칸 떨어져서 앉겠죠. 환승하거나 출구로 나가려고 에스컬레이터를 탈 경우에도 앞에 서 있는 사람과 한두 계단 떨어져서 설 거예요. 우리가 이렇게 행동하는 이유는 타인에 대한 사회적 거리감 때문입니다.

사회적 거리감이란 개인과 개인, 개인과 집단, 집단과 집단 간에 존재하는 감정적인 이해도나 친밀감의 정도를 말합니다. 개인마다 차이는 있겠지만 사람들에게 가장 가까운 사회적 존재는 가족(주로 배우자)이겠죠. 그 밖에는 친구·이웃·직장 동료 등이 있습니다. 사회적 거리감이 가장 가까운 가족에 비하면 이웃이나 직장 동료는 상대적으로 먼 관계입니다. 이처럼 다른 사람이나 집단을 어느 정도 수준에서 수용 가능한지가 바로 사회적 거리감을 느끼는 정도라고 볼 수 있습니다.

20-2 외국인에 대한 한국인의 사회적 거리감*

(단위: %)

	북한 이탈 주민	중국 동포	중국인	일본인	동남 아사아인	미국인	유럽인
국민	77.8	68.9	52.8	52.7	56.8	64.0	61.6
동료	76.6	76.6	70.1	73.6	73.1	81.7	79.6
이웃	76.1	76.0	69.8	73.2	73.0	81.1	78.6
친구	67.9	68.2	62.7	68.3	66.8	76.3	74.4
자녀의 배우자	38.9	34.1	28.4	35.3	28.4	40.2	37.6
배우자	36.0	32.2	26.0	31.6	25.5	34.6	34.2

* 각각의 이주자 집단에 대한 수용 가능성을 물어보는 항목으로, 이주자들을 주변 사람(국민, 동료, 이웃, 친구, 자녀의 배우자, 배우자)으로 받아들일 수 있는지에 대해 찬성하는 비율임

자료: IOM 이민 정책 연구원·성균관대 서베이 리서치 센터, 「한국 종합 사회조사」(2010)

표 20-2는 우리나라 사람들이 외국인에게 느끼는 사회적 거리감을 나타낸 것입니다. 외국인을 동료·이웃·친구로 수용할 수 있다고 응답한 비율은 65~80% 정도로 높은 편입니다. 하지만 미국인이나 유럽인에 대한 수용 정도가 중국인이나 동남아시아인보다 높다는 점에서, 우리 사회의 외국인을 바라보는 차별적 시선을 알 수 있죠.

그리고 북한 이탈 주민(77.8%)과 중국 동포(68.9%)처럼 같은 종족을 국민으로 수용할 수 있다는 비율은 높지만 중국인·일본인·동남아시아인의 수용성 정도는 50~60% 수준에 그치고 있습니다.

이는 이 조사 결과에 약간의 의문이 들게 합니다. 앞서 한국인이 되기 위한 자격 조건 조사에서는 종족 요인보다 시민적 요인을 더 많이 고려했는데요, 여기서는 종족적 요인을 중요시하는 인식이 강하게 남아 있음을 확인할 수 있기 때문이죠.

외국인을 자신의 배우자나 자녀의 배우자로 수용할 수 있는 정도도 살펴보죠. 이 부분은 사회적 거리감이 아주 가까운 가족 관계로 외국인을 수용할 수 있는지를 보여줍니다. 그런데 가족 구성원으로 수용할 수 있는 정도는 모든 외국인 집단에 대해 25~40%로 낮은 편이에요. 따라서 우리 사회는 아직까지 외국인을 가족으로 받아들이기는 힘들고 친구나 이웃 정도로는 가능하다는 거죠.

과거에 우리나라 사람을 대상으로 외국인에 대한 사회적 거리감을 조사한 결과는 따로 존재하지 않아서 구체적으로 사회적 거리감이 얼마나 줄었는지 파악하기는 어렵습니다. 하지만 OECD 34개 국가를 대상으로 외국인에 대한 관용 수준을 비교한 자료를 보면, 우리나라의 외국인에 대한 사회적 거리감이 지속적으로 줄어들고 있음을 알 수 있어요. 외국인에 대한 관용 수준이 1995년 29위, 2000년 27위, 2005년 13위로 점차 상승했기 때문이죠. 그리고 2010년에는 9위로 상위권을 차지했습니다. 무엇이든 빨리빨리 받아들이는 우리 사회의 특성이 외국인에 대한 관용에서도 나타나는 것 같습니다.

외국인의 권리는 어디까지 인정할까

모든 인간은 인간이라는 이유만으로 존중받아야 합니다. 그래서 인권을 보편적인 권리라고 말하죠. 그러나 인권은 국가라는 공동체와 그곳에서 살아가는 인간의 권리, 의무 관계에 기초해 계약의 성격을 갖습니다. 즉, 권리를 누리기 위해서는 세금 납부 등 일정한 의무를 이행해야 하죠.

투표권으로 대표되는 정치 시민적 권리는 국가 안에서 살아가는 모든 사람이 '국민'이라는 동일한 지위를 가지고 누리는 권리입니다. 이 권리를 누리려면 역시 일정한 의무를 행해야 해요. 이처럼 한 국가의 국민으로서 시민권을 갖는다는 것은 권리와 의무를 동시에 누리는 것을 말합니다.

그런데 외국인은 국민이라는 일정한 지위를 가지지 못합니다. 하지만 그들도 인간이기에 당연히 인간다움 삶을 위한 권리를 누려야 하죠.

그렇다면 우리나라 사람들은 외국인의 권리를 어느 정도까지 인정해야 한다고 생각할까요? 사실 우리나라는 이주 노동자가 일하러 올 때 가족을 동반할 수 없습니다. 또한 어려운 사람들에게 최소한의 삶의 조

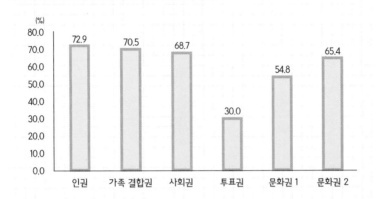

20-3 외국인 권리에 대한 한국인의 찬성 비율*

인권	외국인 이주자에 대한 인권 침해나 차별을 없애기 위해 정부가 강력하게 개입해야 한다.
가족 결합권	합법적 이주 노동자에게 가족들을 데려올 권리를 주어야 한다.
사회권	한국 국적이 없어도 합법적으로 한국에 이주한 사람들에게는 한국 사람과 동등한 복지 혜택이 주어져야 한다.
투표권	합법적으로 한국에 장기간 거주한 외국인들에게는 영주권이 없더라도 지방선거 투표권을 주어야 한다.
문화권 1	소수 인종 집단의 전통과 풍습을 보존해 주기 위해 정부가 이를 지원해야 한다.
문화권 2	한국 사회에서 대부분의 사람들이 같은 전통과 풍습을 공유하는 것이 바람직하다.

*각 항목에 대해서 '매우 찬성'과 '찬성'을 합한 비율임

자료: IOM 이민 정책 연구원·성균관대 서베이 리서치 센터, 「한국 종합 사회조사」(2010)

건을 만들어주는 사회복지 지원을 살펴보면, 이주 노동자의 경우 고용 보험 등 일부 복지 혜택을 받고 있긴 하지만 거의 모든 혜택이 한국인에 게만 돌아가는 것이 현실이에요. 이러한 현실을 고려하면서 우리 사회가 외국인의 권리를 어느 정도까지 인정할 수 있는지 살펴봅시다.

그래프 20-3을 보면 우리나라 사람들은 외국인이 차별받지 않을 권 리, 가족과 함께 살 권리 등 가장 기본적이면서 포괄적인 인권보장에 대

외국인 노동자들이 명동성당 입구에서 온몸을 쇠사슬로 감은 채 시위를 벌이고 있습니다. 우리 사회에는 여전히 이들을 바라보는 이중 잣대가 존재합니다.

해 70% 이상 찬성하고 있습니다. 합법적으로 이주한 사람들은 한국 국적이 없어도 일정한 노동을 하면 세금을 내야 합니다. 그래서인지 이들에게 한국 사람과 동등한 복지 혜택을 주어야 한다는 의견도 70%에 육박하네요. 다만 오랜 기간 거주한 외국인들에게 지방선거 투표권을 주는 것은 30%만 찬성하고 있습니다. 아직까지 정치적 권리를 인정하는 일은 반대하는 사람들이 많아요.

우리는 특히 '문화권'에 많은 관심을 가져야 합니다. 어떤 집단이 자신들만의 고유한 문화적 전통을 누릴 수 있는 권리가 바로 문화권이죠. 문화권을 갖는다는 것은 문화적으로 소수인 집단이 주류 집단의 언어와 문화를 누릴 수 있을 뿐만 아니라, 소수자로서 자신들의 고유한 언어와 생활양식을 유지할 수 있음을 뜻합니다. 또한 국가가 강압적으로 행하는 문화 통합에 대항하여 주류 집단의 문화를 거부할 수 있는 권리를 갖는 것을 의미하죠.

예컨대 필리핀 출신의 학생에게 한국어로 수업하는 일반 학교와 필리핀어로 수업하는 외국인 학교 가운데 원하는 학교를 선택할 수 있는 권리가 있다고 합시다. 그런데 갑자기 정부가 필리핀계 학생들은 일반 학교만 다녀야 한다는 정책을 펼 경우, 학생들이 이러한 정책을 거부할 수 있는 거죠.

앞서 말했듯 국가가 보장하는 권리는 국민이라는 동일한 지위를 가진 다른 사람들과 동등하게 누리는 권리입니다. 하지만 문화권은 '차이'를 고려한다는 점에서 다른 권리들과 조금 다릅니다. 문화적으로 다른 지위에 있는 사람들이 '다름'을 유지할 수 있도록 국가에 요구하는 권리죠.

앞의 표에서 '문화권 1'과 '문화권 2'는 각각 차이를 인정하는 문화권과 차이를 인정하지 않는 보편적 권리를 뜻합니다. 차이를 인정하는 문화권 1에 대한 찬성 비율보다 차이를 인정하지 않는 문화권 2에 대한 찬성 비율이 높은 것을 보면, 아직 우리 사회가 차이를 지지하는 문화권을 수용하기는 어려운 것 같습니다.

다문화 수용성을 높이려면

한 나라에 외국인이 늘어나면 다양한 변화가 나타납니다. 누군가는 외국인과 일자리를 두고 경합할 수도 있고, 새로운 문화로 인해 갈등이 일어날 수도 있으며, 외국인의 복지 혜택을 위한 재정 지출에 불만을 가질 수도 있습니다. 우리나라에 발을 디딘 외국인들은 살아가면서 다양한 관계를 형성하고 사회적 행위를 하기 때문에 사회에 영향을 끼칠 수밖에 없습니다. 그렇다면 갈등을 줄이고 다문화 수용성을 높이는 방법은 무엇일까요?

우리는 시민적 요소를 바탕으로 국민 정체성을 판단해야 하며, 외국인들의 기본적인 권리를 보장해 주어야 합니다. 당장은 어려울지 몰라도

문화적 차이를 어디까지 인정해야 할까?

예멘에서는 15살인 자신의 딸이 약혼자와 전화 통화를 했다는 이유로 딸을 살해한 아버지가 체포되었습니다. 예멘의 일부 지역에서는 결혼을 하기 전에 남녀가 접촉하는 것을 금지하는데, 딸이 이를 어기고 집안의 명예를 더럽혔다는 것 살인의 원인이었습니다.

이런 경우를 바로 명예살인◆이라고 합니다. 집안의 명예를 훼손한 경우 가족이 그 당사자를 살해합니다. 주로 아버지나 남자 형제가 딸 또는 누이에게 가하는 것이 일반적인 모습입니다. 명예살인을 허용하는 나라에서는 가해자에게 6개월 징역 정도의 가벼운 처벌만 내립니다. 그런데 이러한 전통을 가진 사람들이 다른 나라로 이주해서도 똑같이 행동하는 경우가 있어 문제가 되기도 합니다.

독일로 유학을 간 이슬람계 여성이 독일 남성과 동거를 하다가 오빠에게 살해당한 사건도 있습니다. 그녀의 오빠는 현행범으로 독일에서 체포 및 구속되었지만 일부 국가에서는 남성을 석방해야 한다고 주장해 논란이 된 적도 있습니다. 이러한 문화적 차이를 어디까지 인정해야 할까요?

문화적 차이를 바탕으로 하는 문화권을 인정하면 다민족·다문화 사회에서 갈등 없이 지낼 수 있을 거예요. '다른 것을 똑같이 하는 것'이 아니라 '다르게 같이 가는 것'이 되어야겠지요. 우리가 마음을 열면 우리나라의 다문화 수용성은 점차 높아질 겁니다.

◆ **명예살인** 일부 이슬람권에서 일어나는 것으로, 가족의 명예를 더럽혔다고 여겨지는 대상에게 가족 구성원이 살인을 저지르는 것으로 주로 여성이 피해자인 경우가 많다.

21

진정한 시민으로 거듭나기

키워드 시민, 사회 참여, 기부

시민사회란 다수 시민들이 공공의 결정에 능동적으로 참여하는 사회를 뜻한다. 최근 SNS나 인터넷을 통해 시민의 사회 참여가 더욱 활발해지는 추세다. 그렇다면 우리 시민들은 사회가 어떤 방향으로 개선되길 원하고 있을까? 또 이를 위해 사회단체나 기부, 봉사 활동에 얼마나 적극적으로 참여하고 있을까? 이와 관련된 여러 통계를 살펴보며 시민의 다양한 사회 참여 양상에 대해 알아보자.

시민으로서의 삶을 누리기 위한 조건

일반적으로 '시민사회*의 원형'이라고 하면 사람들은 고대 그리스 사회를 떠올립니다. 고대 그리스의 시민은 '여성, 아이, 노예를 제외한 성인 남성'이었죠. 그런데 이것은 결과론적 표현입니다. 그리스 시민이 되기 위해서는 그 사회에서 요구하는 시민의 의무를 다해야 했어요. 하나의 의무는 납세인데, 일정한 세금을 내야 하니 재산을 가지고 있어야 했죠. 다른 하나는 전쟁이 일어나면 군대를 이끌고 나가 국가를 지켜내는 것이었어요. 이 두 가지 의무를 지는 대가로 그리스 시민은 자신과 공동체의 삶의 방향에 대해 직접 의견을 내고 결정하는 권리를 누렸습니다.

이들이 직접 정치적 권리를 행사할 수 있었던 배경에는 노동을 대신해 준 노예가 있었습니다. 하지만 현대인은 각자의 노동에 책임을 져야 하므로 일상의 모든 사안에 직접 참여하며 시민의 권리를 행사하기 어렵습니다.

그럼에도 불구하고 현대인에게는 그 어느 시대보다 더 적극적인 참여가 필요합니다. 왜냐고요? 대의제 민주주의 국가의 주인으로서 정치인들의 정치 행태를 늘 감시하고, 공동체 구성원으로서 삶의 질을 높이는 문제에도 관심을 기울여야 하기 때문이죠.

앞서 살펴본 것처럼 시민으로서의 삶에는 권리와 의무가 공존합니다. 권리와 의무는 관계에 따라 크게 두 측면으로 나누어볼 수 있어요. 하나는 '멤버십'으로서 행하는 권리와 의무입니다. 국가 공동체로부터 보호받을 권리와 국가 유지 및 발전에 필요한 의무(국방·교육·근로·납세 등), 이에 더해 시민으로서 정치 참여까지 포함되죠. 이 멤버십은 국가 공동체와 관계를 맺기 때문에 생깁니다.

다른 하나는 자신과 공동체의 다른 구성원과의 관계를 고려하는 '프렌드십'으로서 행하는 권리와 의무입니다. 차별이나 편견 없이 평등한 관계를 형성하고, 더 나아가 어려운 삶을 살아가는 구성원에게 도움을 주는 일까지 포함되죠. 프렌드십은 국가 공동체의 다른 구성원들과 관계를 맺는 데서 나옵니다. 모든 구성원이 평등하며, 똑같은 권리와 의무를 갖고 있다고 전제하죠. 그런 점에서 시민적 삶을 위한 행위는 돈으로 살 수 없는 것들입니다.

공정한 사회를 만들기 위하여

2012년 6월, 『정의란 무엇인가』의 저자 마이클 샌델 하버드대 교수가 우리나라를 방문했죠. 샌델 교수는 '돈으로 살 수 없는 것들'이라는 자신의 강연에 앞서 '한국인과 미국인의 정의에 대한 인식'을 조사했습니다.

그 결과를 보면 미국인의 62.3%는 "미국 사회가 공정하다"라고 응답했지만, 한국인의 73.8%는 "한국 사회가 전반적으로 공정하지 않다"라고 대답했습니다. 이 통계만으로 우리 사회가 미국보다 정의롭지 못하다고 단정할 수는 없지만, 그럴 가능성이 더 높은 것은 분명해 보입니다.

그렇다면 우리나라가 공정한 사회로 나아가기 위해, 개선이 시급한 분야는 과연 무엇일까요? 다음의 표 21-1는 사회의 다양한 분야 가운데 공정성 문제가 주로 제기되는 '교육, 취업, 경찰·사법, 언론, 조세' 등 다섯 가지 분야와 기타 항목을 주고 하나만 고르게 한 통계청의 조사 결과입

21-1 공정 사회를 위해 최우선으로 개선해야 할 분야* (단위: %)

구분		계	교육	취업	경찰·사법	언론 (방송·신문)	조세 (과세·납세)	기타
전체		100.0	11.6	25.2	19.7	14.7	27.8	1.0
지역별	도시(동부)	100.0	11.7	24.4	19.9	15.0	27.9	1.0
	농어촌 (읍면부)	100.0	10.9	29.0	18.5	13.5	27.2	0.9
성별	남자	100.0	11.1	24.2	22.1	15.0	28.5	1.1
	여자	100.0	12.1	26.2	17.4	14.5	29.0	0.9

* 19세 이상 인구 대상   자료: 통계청(2011)

니다. 여러분은 이 가운데 어느 항목을 선택하겠습니까? 자, 각자의 생각을 조사 결과와 비교해 보죠.

전반적으로 공정한 사회를 위해 '조세(27.8%)'와 '취업(25.2%)' 등 경제 관련 분야가 개선되어야 한다고 보는 사람들이 많았습니다. 그다음은 '경찰·사법' 분야(19.7%), '방송·신문'과 같은 언론 분야(14.7%), '교육' 분야(11.6%) 순으로 나타났고요.

지역별로 보면 도시의 경우 '조세', 농어촌의 경우 '취업' 분야에 개선이 가장 필요하다고 응답했고, 성별로는 남녀 모두 '조세' 분야를 최우선으로 꼽았습니다. 어떤가요? 자신의 선택과 일치하는 결과인가요?

공정한 사회가 어떤 사회인지에 대해서는 할 말이 너무나 많지만, 무엇보다 우선 '기회의 평등'이 전제되어야 합니다. 이와 더불어 사회적 약자가 안정적인 삶을 살 수 있도록 배려하는 분배적 정의, 즉 '결과의 평등'도 중요하죠. 공정한 사회를 조성하기 위해 개선되어야 할 분야로 '조세'와 '취업'이 1, 2위로 손꼽힌 이유 역시 아마 우리가 공정한 사회가 되기 위한 조건으로 기회와 결과가 평등해야 한다고 인식하기 때문일 거예요.

 '돈으로 살 수 없는 것들'

『돈으로 살 수 없는 것들』은 모든 것을 사고팔 수 있다고 믿는 시장 지상주의의 문제점과 시장의 도덕적 한계를 파헤친 책이에요. 마이클 센델 교수는 이 책에서 우리가 지켜나가야 할 기본적이고 윤리적인 가치를 어떻게 보호할 것인지 공적 토론을 통해 깊이 고민해야 한다고 역설했죠.

그는 지난 2012년 6월, 우리나라를 찾아와 "현재 우리가 살고 있는 사회는 '시장경제 체제'에서 '시장 사회'로 변했다. 시장경제 체제는 효과적인 도구를 통해 전 세계에 번영과 부를 가져왔다. 하지만 시장 사회는 모든 것을 돈으로 살 수 있는 사회다"라며, 우려 섞인 이야기로 강연을 시작했습니다. 샌델 교수는 시장의 역할을 생각해 보게 하는 우리나라의 여러 이슈를 사례로 제시하며 문답식으로 강연을 이끌었어요. '유명 한류 스타들이 군 복무 기간만큼의 수입을 국가에 낸다면 병역을 면제받아도 되는가? 비싼 대학 등록금을 줄이기 위해 교과서에 기업 광고를 싣거나 기부 입학제를 허용해도 되는가?' 등의 주제를 던지며 참석자들의 찬반 토론을 주도했죠. 그의 강연회는 시장가치가 지배해서는 안 되는 사회정의와 공공의 이익, 삶의 질에 대해 고민해 보는 자리였습니다.

공정 사회를 만드는 일에 얼마나 참여하는가

우리가 원하는 사회는 결코 저절로 주어지지 않습니다. 구성원들이 노력하여 만들어야 하죠. 민주주의 사회에서 '선거'는 우리가 살고 싶은 사회를 만들기 위한 가장 기본적인 주권 행위입니다.

그런데 우리나라의 투표율은 OECD 가입국 평균 71.4%에 못 미치는 56.9%에 불과합니다. 의무 투표제로 투표를 강제하지 않는 선진국들의 경우도 선거 참가율이 우리나라처럼 낮은 편이긴 합니다. 하지만 그 대신 시민 단체의 감사나 정당 활동과 같은 직접 참여 비율은 매우 높은 편이에요. 그렇다면 우리나라는 어떨까요?

선거가 '민주주의의 꽃'이라면, 시민의 사회 참여 활동은 그 꽃이 잘

21-2 단체 활동 참여 실태*

(단위: %)

	계	참여자									
			친목, 사교 단체	종교 단체	취미, 스포츠 레저 단체	시민 사회 단체	학술 단체	이익 단체	정치 단체	지역 사회 모임	기타
전국	100	46.6	73.1	28.7	34.0	11.0	4.7	2.5	1.0	10.1	0.7
성별 남자	100	47.8	75.2	22.9	40.5	10.9	5.2	3.6	1.4	9.6	0.5
성별 여자	100	45.4	71.0	34.6	27.4	11.1	4.1	1.4	0.6	10.6	1.0
연령별 13~19세	100	32.4	39.9	32.6	47.9	29.5	8.6	0.5	0.8	1.0	1.8
연령별 20~29세	100	73.6	22.7	46.7	10.1	10.0	10.0	2.3	1.1	2.1	0.9

* 13세 이상 인구 대상, 복수 응답

자료: 통계청(2011)

자라도록 거름을 주는 것과 같습니다. 제대로 된 민주주의가 꽃피우기 위해서는 오랜 기간 시민들의 감시와 의견 제출을 통해 민주주의가 성장하도록 해야 해요. 그 역할을 하는 것이 바로 시민의 사회 참여입니다. 자, 그러면 우리 국민이 시민으로서 사회에 참여하는 비중은 얼마나 되는지 알아볼까요?

여러 항목 가운데 '시민사회 단체' '정치단체' '지역사회 모임'이 세 가지를 중심으로 살펴보도록 하죠. 복수 응답한 자료이기는 하지만 단순하게 봐도 무방합니다.

표 21-2 〈단체 활동 참여 실태〉를 보니, 2011년 우리 국민의 46.6%가 단체 활동에 참여했군요. 이 가운데 시민 참여와 관련해서는 '시민사회 단체' 11.0%, '지역사회 모임' 10.1%, '정치단체' 1.0%의 비율로 활동한 것으로 나타났어요. 따라서 우리 국민의 사회 참여 활동 비율은 대략적으로

10% 이상 20% 이하의 수준으로 볼 수 있습니다.

한 가지 놀라운 사실은 시민사회 단체에 참여하는 10대의 비율이 30% 가까이 된다는 점이에요. 이 결과만으로 미래에 우리 사회의 시민 참여도가 증가할 것이라고 단정 짓기는 어렵지만, 민주주의에 거름을 주는 청소년들이 많은 것 같아 든든합니다. 다만 이들이 단순히 기부금만 내거나 몇 차례 자원봉사로만 참여하는 것은 아닌지 걱정이 되기도 합니다.

단체 활동을 통해 시민의 직접 참여를 강조하는 선진국과 달리, 우리나라의 경우는 참여 없이 기부금만 내는 사람들로 시민 단체가 이루어진다고 해서 '시민 없는 시민 단체'라는 오명을 얻기도 했어요. 이제 그저 기부금만 낼 것이 아니라 내가 가입한 단체에서 무슨 일들을 하는지 파악하고, 직접 찾아가서 돕거나 좋은 의견을 내며 대한민국 시민임을 느껴보는 건 어떨까요?

우리는 얼마나 기부하고 있나

우리 주위에는 경제적으로 여유로운 사람도 많지만 그렇지 않은 이웃도 많습니다. 이런 경제적 불평등을 보완해 주는 제도 중 하나가 조세를 통한 복지 정책이죠. 이와 더불어 어려운 이웃을 위해 아무 대가 없이 가진 일부를 내어놓는 사람들도 있습니다. 그것이 바로 기부입니다.

돈이나 물품, 재능 등 기부할 수 있는 것은 무척이나 많습니다. 특정

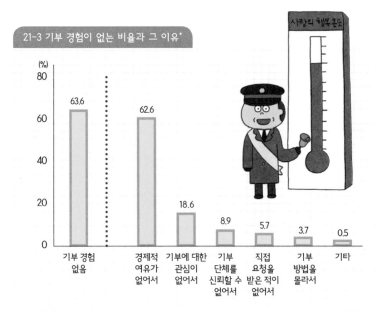

21-3 기부 경험이 없는 비율과 그 이유*

(%)

	기부 경험 없음	경제적 여유가 없어서	기부에 대한 관심이 없어서	기부 단체를 신뢰할 수 없어서	직접 요청을 받은 적이 없어서	기부 방법을 몰라서	기타
	63.6	62.6	18.6	8.9	5.7	3.7	0.5

* 조사 대상이 13세 이상임

자료: 통계청(2011)

대상에게 시간을 내어 노력을 들이는 자원봉사도 넓은 범위에서 기부라고 할 수 있죠.

그런데 우리 국민은 기부를 돈이나 물품에 한정하여, 시간과 노력을 쏟는 자원봉사와 구별하는 경향이 있습니다. 그럼 먼저 물질적 기부와 관련한 통계 조사 결과를 살펴볼까요?

표 21-3 통계청 자료를 통해 기부 경험이 없는 비율과 그 이유를 살펴보죠. 13세 이상의 국민 가운데 기부 경험이 없는 사람은 63.6%로 전체의 3분의 2가량이었습니다. '그냥 돈이나 좀 보내면 되지'라고 생각하는 사람도 있겠지만, 근래 경제적으로 어렵고 삶의 여유가 없는 사람들이 많아지는 현실을 고려해 보면 분명 기부가 쉬운 일은 아닙니다.

기부 경험이 없는 사람들 대다수도 그 이유를 '경제적 여유가 없어서' 라고 응답했습니다. 그러나 1인당 국민소득이 2만 달러가 넘는 나라에 사는 국민이 경제적 여유가 부족해서 기부를 못한다고 말하는 것은 핑계로 들리기도 합니다.

이 외에 '기부에 대한 관심이 없어서(18.6%)' '기부 방법을 몰라서 (3.7%)' 그리고 '직접 요청을 받은 적이 없어서(5.7%)'라고 응답한 이들이 조금만 더 적극적으로 관심을 보여준다면 기부 비율이 상승할 수 있을 겁니다.

현재 기부를 실천하고 있다면 주변 사람들에게 기부를 권해보세요. 나눔은 누구나 할 수 있으니까요.

사회봉사는 얼마나 하고 있을까

돈이나 물건을 내어놓는 기부에 비해, 사회봉사는 시간과 노력을 들여야 한다는 점에서 실천하기가 조금 더 어렵습니다.

요즘에는 청소년들에게 긍정적인 사회 경험을 권장하기 위해 봉사 활동을 입시에 반영하기도 하고, 대학에서는 의무적으로 하게 하는 곳도 많지요. 이런 배경 때문인지 자원봉사 경험이 있는 국민(19.8%)의 연령대를 조사한 결과에서도 유독 13~19세 연령 구간의 비율이 77.7%로 월등히 높게 나타났습니다.

그래서 일부 청소년들은 사회봉사를 시민의 삶의 한 부분으로 인식하

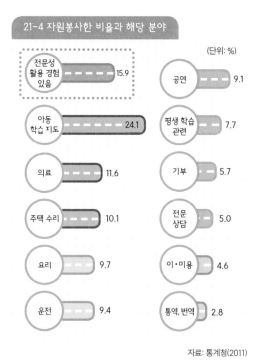

21-4 자원봉사한 비율과 해당 분야

(단위: %)

분야	비율
전문성 활용 경험 있음	15.9
아동 학습 지도	24.1
의료	11.6
주택 수리	10.1
요리	9.7
운전	9.4
공연	9.1
평생 학습 관련	7.7
기부	5.7
전문 상담	5.0
이·미용	4.6
통역, 번역	2.8

자료: 통계청(2011)

기보다 자신에게 이익이 되는 행동 정도로 생각하기도 합니다. 하지만 이런 경험이 쌓이면 나눔을 내면화해 공동체를 위해 봉사하는 성인으로 성장할 가능성이 높으니, 나쁘게만 볼 필요는 없을 듯합니다.

자원봉사의 유형 가운데 가장 이상적인 형태는 '재능 기부', 말 그대로 자신의 재능을 활용한 봉사입니다. 그런데 그래프 21-4를 보면 자원봉사 경험이 있는 사람 가운데 자신의 전문성을 발휘하는 비율은 15.9% 수준에 머물러 조금 아쉽습니다. 전문성을 발휘한 분야는 아동 학습 지도와 의료, 주택 수리, 운전, 요리, 공연 등 다양하게 나타났어요. 이렇게 자신의 재능을 필요로 하는 사람들을 돕기 위한 사회적 참여, 정말 보람

우리나라 대학생이 외국의 가난한 아이들을 가르치는 봉사활동을 하고 있습니다. 자신이 가진 것을 아낌없이 나눌 때, 우리 사회는 더욱 따뜻해질 겁니다.

있고 멋진 경험 아닐까요?

　기부 경험이 있는 이들을 대상으로 기부하는 이유를 조사한 결과, 절반가량이 '어려운 처지의 이웃을 돕고 싶어서'라고 대답했습니다. 기부나 봉사는 내가 가진 무언가를 주변의 어려운 이웃과 나누는, 그래서 같은 공동체에서 살아가는 사람들이 나은 삶을 살 수 있도록 하는 행동입니다. 주변의 이웃에게 조금 더 관심을 갖고, 기부를 실천해 보는 건 어떨까요? 그러면 우리의 시민 사회가 좀더 아름답고 풍요로워질 거예요.

◆ **시민사회** 근대적 관점의 자유, 평등 등 인권이 보장되는 사회로서, 사회구성원인 시민들이 자유롭게 의사소통하면서 공공의 결정에 참여할 수 있는 사회이다.

22

대한민국 청소년들의 시민 의식

키워드 시민, 시민적 행위, 선거권

유엔아동권리협약을 보면 18세 미만인 사람들도 자신의 의견을 표현하고 주장할 권리가 있다고 한다. 그런데 우리나라 청소년들은 정치에 얼마나 관심을 가지고 있을까? 청소년들이 시민으로서 자신의 권리를 주장하기 위해서는 어떤 준비가 필요한지 생각해 보자.

시민이란 무엇인가

앞에서도 살펴보았지만 좀더 구체적으로 시민에 대해 알아봅시다. 시민이란 어떤 사람을 가리킬까요? 시민은 서구에서 발달한 개념입니다. 고대 그리스에서는 자율권을 가지고 정치에 참여했던 사람들을 시민이라 불렀죠. 이들은 어느 정도 재산이 축적되어 일정한 세금을 낼 수 있는 남자로, 경제활동에서 자유로운 사람들이었어요. 노예들이 그들의 노동을 대신해 주었기에 가능한 일이었죠. 노동에서 자유로웠던 시민들은 정치에 관심을 가지고 활동할 시간이 충분했고 직접 민주주의 또한 가능했죠.

근대에 들어서는 시민혁명을 통해 많은 사람이 시민이 될 수 있었습니다. 하지만 그들의 삶은 고대 그리스 시민의 삶과 달랐어요. 근대 시민은 노동을 통해 자신의 삶을 살아나가야 했죠. 그들에게는 시민 권리가 생존을 위한 노동보다 중요하지 않았고, 결국 전문 정치인들에게 그 권리를 위탁할 수밖에 없었습니다. 이것이 '대의 민주주의'의 시작입니다.

현대 시민도 근대 시민처럼 시민의 권리를 제대로 누리기가 어렵습니다. 여전히 노동에 많은 시간을 할애하고 있기 때문이죠. 그래도 참여 민주주의*와 심의 민주주의*를 강조하는 현대사회에서 우리는, 대의의 역할을 하는 정치 기관들과 정치인들이 제대로 일을 하는지 감시해야 합니다. 나아가 다양한 영역에서 나의 주장을 제대로 드러내 원하는 것을 얻어야 하죠.

최근에는 이러한 시민의 의무를 투표권을 가진 성인들만이 아니라, 청소년들도 짊어져야 한다는 목소리가 높아지고 있습니다. 그러면 청소년들의 현실은 어떨까요?

정치 기관에 대한 청소년들의 신뢰도

우선 청소년들이 정부를 비롯한 다양한 정치 기관들을 얼마나 신뢰하고 있는지 살펴봅시다. 정부 기관으로는 삼부(입법부·사법부·행정부)가 있으며, 정치 기관으로는 여론을 조성하는 정당 및 국회, 미디어 등이 있습니다. 표 22-1은 전국 16개 시도의 중·고등학교 청소년 5,600여 명을

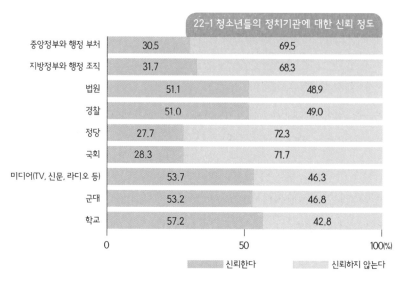

자료: 이종원 외 2인, 「아동·청소년의 민주 시민 역량 국제 비교 및 지원 체계 개발 연구 II」,
한국청소년정책연구원(2012년)

대상으로 조사한 결과입니다.

입법부인 국회의 신뢰도는 28.3%로 매우 낮은 편입니다. 텔레비전 뉴스나 기사를 통해 접하는 국회의원들의 불편한 언행을 생각해 보면, 국회가 이 정도의 신뢰를 받는 것이 그나마 다행인지도 모르겠네요. 어쨌든 국민을 대표하는 정부 기관인 국회에 대한 신뢰도가 이만큼 낮다는 것은 청소년들이 우리나라의 대의 민주정치를 얼마나 불신하는지를 잘 보여줍니다.

행정부 가운데 중앙정부와 행정 부처에 대한 신뢰도는 30.5%, 지방정부와 행정조직은 31.7%, 경찰은 51.0%입니다. 가장 낮게, 국민과 가깝게 법을 집행하는 경찰만 50% 이상의 신뢰도를 유지하네요. 국회에 비해 행정부의 신뢰가 조금이라도 높은 것을 위안으로 삼아야 할 형편입니다.

사법부인 법원은 51.1%의 청소년들이 신뢰한다고 응답했습니다. 법을 심판하는 기관이 겨우 절반의 신뢰를 얻었다는 것은 참으로 우려스러운 일이 아닐 수 없습니다.

법원의 상징은 정의의 여신입니다. 정의의 여신은 안대로 눈을 가리고 한 손에는 저울, 다른 한 손에는 법전을 들고 있죠. 누구에게나 공평하게 법을 적용하는 모습을 상징합니다. 하지만 법원에 대한 낮은 신뢰도를 보면, 우리 사회에 정의의 여신이 존재하는지 의문이 듭니다.

정당은 27.7%로 신뢰도가 가장 낮습니다. 우리는 종종 농담으로 정당이 없어져야 한다고 이야기하지만, 정당은 수많은 정치적 이슈를 만들어내고 다양한 집단의 이익을 대변하기에 대의 민주주의 제도에서 매우 중요한 기관입니다.

영국이나 미국의 정당들을 보면 수백 년 동안 동일한 명칭을 유지하며 각자의 지지 집단의 이익을 위해 노력하죠. 반면 우리나라의 정당은 약 70년의 민주주의 역사에서 정당의 이름과 지향 가치를 수없이 바꾸면서 국민의 뜻을 제대로 대변하지 못했습니다. 그래서 이러한 결과가 나오지 않았나 싶습니다.

그나마 여론 형성에 중요한 역할을 하는 미디어의 경우 신뢰도가 53.7%로 상대적으로 높은 편입니다. 입법부, 행정부, 사법부에 이어 제4부로 불릴 만큼 정치적 여론을 형성하는 데 중요한 기능을 수행하는 미디어. 하지만 현재 언론을 보면 대의제에서 꼭 필요한 정부에 대한 감시와 비판 기능, 국민에게 정보를 제공하는 기능을 잘 수행하고 있는지 의

문입니다. 물론 신뢰도가 다른 기관에 비해 높은 편이지만, 그 비율이 50%를 겨우 넘는다는 점은 우려스러운 일입니다. 이는 청소년들이 감시 기능을 제대로 발휘하지 못하는 언론에 던지는 경고이기도 합니다.

시민으로서 청소년의 역할

정부 및 정치 기관에 대한 신뢰도가 낮다는 것은, 우리가 시민으로서의 역할을 제대로 하지 못했다는 것을 의미하기도 합니다. 국민들이 제대로 된 대표를 뽑고 그들의 정치 활동을 지속적으로 감시했다면, 정치인들은 우리의 눈을 속이고 자신들의 이득만 취하지 않았을 겁니다. 이제 시민으로서의 역할이 얼마나 중요한지 감이 오나요? 그렇다면 청소년들은 어떤 것을 시민으로서의 역할이라고 생각할까요? 그래프 22-2 〈시민으로서 정치적 행위에 대한 중요성 인식〉을 함께 살펴봅시다.

청소년들이 가장 중요하다고 인식하는 정치적 행위는 모든 선거에서 투표하기입니다. 최근 투표율이 거의 50% 수준에 머물러 있는 현실과 비교하면 아이러니한 결과지만, 청소년들도 투표가 가장 기본적이고 중요한 시민 활동이라는 사실을 아는 듯합니다. 자신의 이익을 대변할 대표를 뽑는 일이야말로 대의 민주주의의 가장 기본이에요.

투표율이 낮아지면서 투표한 사람에게 가산점을 주는 인센티브 제도나 투표를 하지 않은 사람에게 벌금을 물게 하는 네거티브 제도를 도입해야 한다는 이야기가 나오고 있습니다. 하지만 조사 결과처럼 모든 시민

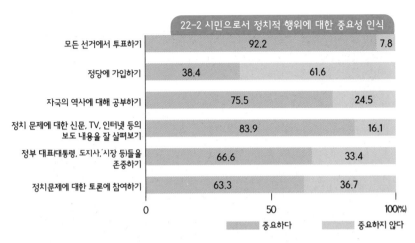

자료: 이종원 외 2인, 「아동·청소년의 민주 시민 역량 국제 비교 및 지원 체계 개발 연구 II」,
한국청소년정책연구원(2012년)

이 투표를 시민의 권리의 중요한 부분으로 인식하는 것이 먼저죠.

정치 문제에 대한 신문, 텔레비전, 인터넷 등의 보도 내용을 잘 살펴보기는 83.9%, 정치 문제에 대한 토론에 참여하기는 63.3%의 청소년들이 중요하다고 응답했습니다.

모든 결정을 정치인에게 맡기지 않고 직접 의견을 제시하고 감시하는 일은 매우 중요합니다. 하지만 우리는 공부를 핑계로, 일을 핑계로 시민의 권리를 행사하지 않고 있죠. 이러한 권리가 제대로 행사될 때 울리히 벡이 말한 근대적 성찰이 가능해집니다. 우리는 이러한 시민의 권리를 하루빨리 회복해야 합니다.

한편 정당에 가입하기는 38.4%만이 중요하다고 응답했네요. 대의 민주주의에서 정당의 역할은 매우 중요하며, 선진국에서는 국민들이 정당에 가입하고 활동하는 것을 매우 자랑스럽게 생각합니다. 그런데 우리나

촛불집회가 열렸을 당시, 청소년들이 거리로 나왔습니다. 우리 청소년들이 적극적으로 정치에 참여해 의견을 제시하고 시민으로서의 권리를 행사하며 살아가길 바랍니다.

라에서는 정당에 대한 신뢰도가 너무 낮다 보니, 정당에 가입하는 일조차 꺼리게 되는 것이죠. 정당이 본모습을 찾기 위해서는 우리가 더 열심히 투표하고, 정치 문제에 민감하게 반응해야 합니다.

참여, 적극적인 시민 행동

시민 행위는 투표나 정부 기관에 대한 감시, 여론 파악 등에만 국한되지 않습니다. 어쩌면 이러한 행위들은 전통적이고 수동적인 시민 행동에 지나지 않죠. 내가 원하는 사회를 만들기 위해서는 적극적으로 행동

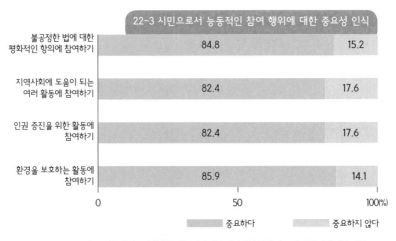

22-3 시민으로서 능동적인 참여 행위에 대한 중요성 인식

	중요하다	중요하지 않다
불공정한 법에 대한 평화적인 항의에 참여하기	84.8	15.2
지역사회에 도움이 되는 여러 활동에 참여하기	82.4	17.6
인권 증진을 위한 활동에 참여하기	82.4	17.6
환경을 보호하는 활동에 참여하기	85.9	14.1

자료: 이종원 외 2인, 「아동·청소년의 민주 시민 역량 국제 비교 및 지원 체계 개발 연구 II」, 한국청소년정책연구원(2012년)

해야 합니다. 그 대표적인 방법이 바로 '참여'입니다. 사회문제의 개선을 위해 집회와 시위에 참여하거나 시민 단체 등에서 활동하는 거죠. 적극적이고 능동적인 시민 행위에 대해 청소년들은 어떻게 생각하고 있을까요? 그리고 어떤 활동이 중요하다고 여길까요? 표 22-3을 함께 봅시다.

환경 보호 활동은 85.9%, 불공정한 법에 대한 항의는 84.8%, 지역 사회에 도움이 되는 활동은 82.4%, 인권 증진을 위한 활동은 82.4%로 참여 활동에 대한 청소년들의 중요성 인식은 매우 높은 편입니다.

대의 민주주의를 뛰어넘어 참여 민주주의로 가기 위해서는 투표뿐 아니라 적극적으로 의견을 내고 참여하는 것이 중요합니다. 이 조사 결과를 바탕으로 향후 우리나라의 참여 민주주의가 더 무르익으리라 기대해 봅니다.

청소년의 시민적 역량

우리나라의 선거권은 만 19세 이상인 사람에게 주어집니다. 중·고등학생인 청소년들의 경우 선거권을 부여받지 못해 시민으로서 행위를 할 때 제한을 많이 받을 수밖에 없어요. 그렇다고 청소년들이 시민이 아닌 것은 아닙니다. 당연히 청소년들도 시민의 한 사람으로서 인정받고 있죠.

최근 만 18세로 선거권 연령을 낮추고, 피선거권 연령도 낮추어야 한다는 논의가 계속되고 있습니다. 이에 대한 자세한 이야기는 뒤에서 하도록 하고, 우선 청소년들이 스스로 시민적 역량에 대해 어떻게 평가하는지 살펴보도록 하겠습니다.

그래프 22-4를 보면 청소년 스스로가 시민의 역량을 가졌다고 생각하는 응답은 30% 전후에 그치고 있습니다. 가장 높은 비율을 보인 항목은 '나는 대부분의 정치 문제들을 잘 이해할 수 있다'로 35.8%입니다. 그리고 '정치 문제에 관한 토론이 벌어지면 나는 항상 참여한다'는 항목은 16.8%로 가장 낮죠. 이를 통해 우리는 청소년들이 정치 문제에 관심은 높지만, 직접 참여하는 비율은 낮은 편이라는 사실을 알 수 있습니다.

우리가 시민으로서의 역량을 제대로 발휘하지 않는다면, 대의제에서 국민들의 의사가 정치로 실현되는 것은 정치인들에 의해서만 가능합니다. 그러나 앞서 보았듯이 정치 기관에 대한 신뢰도는 지극히 낮기에, 정치인들이 우리의 의사를 관철시켜 줄 거라는 기대를 하기는 어려울 것 같습니다. 결국 해답은 우리가 스스로 시민으로서 역량을 높이는 길밖

266

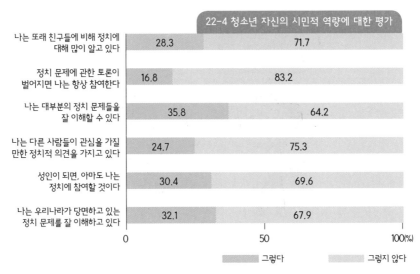

22-4 청소년 자신의 시민적 역량에 대한 평가

문항	그렇다	그렇지 않다
나는 또래 친구들에 비해 정치에 대해 많이 알고 있다	28.3	71.7
정치 문제에 관한 토론이 벌어지면 나는 항상 참여한다	16.8	83.2
나는 대부분의 정치 문제들을 잘 이해할 수 있다	35.8	64.2
나는 다른 사람들이 관심을 가질 만한 정치적 의견을 가지고 있다	24.7	75.3
성인이 되면, 아마도 나는 정치에 참여할 것이다	30.4	69.6
나는 우리나라가 당면하고 있는 정치 문제를 잘 이해하고 있다	32.1	67.9

자료: 이종원 외 2인, 「아동·청소년의 민주 시민 역량 국제 비교 및 지원 체계 개발 연구 Ⅱ」,
한국청소년정책연구원(2012년)

에 없습니다. 현재의 시민, 그리고 미래의 역동적 시민이 될 청소년 모두
시민 역량을 높이기 위해 노력해야 합니다.

 선거권 연령 조정, 여러분은 어떻게 생각하나요?

우리나라의 경우 국회의원 선거권은 19세 이상, 피선거권은 25세 이상이
면 가질 수 있습니다. 다른 나라에 비해 선거권과 피선거권의 연령이 높
아, 연령을 좀더 낮추어야 한다는 주장이 많아졌습니다. 청소년 단체들도
이에 대해 갑론을박 토론을 하고 있습니다. 찬성과 반대 의견과 그 근거를
한 가지씩만 살펴봅시다.

찬성의견: 청소년들도 자신의 삶과 관련한 다양한 정책에 영향력을 발휘

할 수 있어야 합니다. 한 사회의 시민으로서 청소년들이 정치적 권리를 발휘할 수 있도록 선거권과 피선거권을 낮추어야 합니다.

반대의견: 청소년 시기에는 많은 권리를 부모님께 유보한 상태입니다. 시민으로서의 권리를 잘못 발휘하면 오히려 사회에 혼란을 일으킬 수도 있습니다. 충분히 공부하고 제대로 된 정치적 권리를 행사할 수 있도록 선거권과 피선거권을 지금처럼 유지해야 합니다.

◆ **참여 민주주의** 정치적 주권을 가진 사람들이 자발적으로 정치적 결정 과정에 참여하여 자신의 의견을 반영하는 민주주의 형태로서 어떤 일에 대하여 온라인에 글을 게시하거나 1인 시위나 캠페인 활동을 하는 것은 물론 시민단체나 이익집단이 의사결정에 의견을 내는 것 등이 모두 해당된다.

◆ **심의 민주주의** 어떤 사안에 대하여 다양한 사람들이 관련 의견을 나누면서 충분히 심사숙고하는 절차를 강조하는 민주주의 형태를 말한다. 심의 민주주의와 같은 것으로 보기도 하고 조금 다르게 보기도 한다. 핵심은 정책 등을 결정하는 과정에서 토의와 토론을 통해 사회 다수의 의견을 듣고 이를 기반으로 결정해야 함을 강조하는 것이다.

'잘나가는' 나라가 올림픽 성적도 좋다

1인당 국내총생산과 인구수, 그리고 올림픽 메달 수

4년마다 한 번씩 지구촌의 국가 대표들이 자신의 실력을 겨루는 자리가 열립니다. 모두 자신의 나라에서 최고로 손꼽히는 선수들이지만, 올림픽에서 세계 최고의 자리를 차지하기 위해 혼신의 힘을 다하죠. 그리고 우리는 어느 나라에서 가장 많은 메달을 가져갈지 그 집계에 큰 관심을 보입니다.

올림픽뿐만 아니라 다른 경기에서도 마찬가지입니다. 자신의 국가 대표 선수들이 얼마나 잘할지, 어떤 나라가 우승을 차지할지에 집중하죠. 2010년 남아프리카 공화국에서 열린 월드컵에서는 스페인이 우승을 했습니다. 그런데 독일의 오버하우젠이라는 해양박물관에 있던 점쟁이 문어, 파울이 독일의 전적과 스페인의 우승을 맞혀 사람들의 주목을 받았습니다. 문어를 '점쟁이'라고 한 점을 봤을 때, 파울이 전적이나 승률 등 객관적 지표를 고려하여 우승 국가를 맞힌 것은 아님을 알 수 있죠.

과학적으로 올림픽 메달 수를 예측하려는 시도가 있었습니다. 미국의 다트머스 대학교 터크 비즈니스 스쿨의 앤드루 베르나르 교수와 버클리 대학교의 메간 버스 교수의 연구였죠. 이들은 올림픽에서 한 나라가 딸 수 있는 메달 수를 예측하는 몇 가지 요인을 제시했습니다. 바로 그 나라의 인구수, 1인당 국내총생산(GDP), 선수들의 전력, 올림픽 개최국 선수들의 혜택 등입니다.

선수들의 전력이나 개최국 선수들에게 주어지는 혜택은 메달을 예측하는 데에 관련한 직접적인 요인인데, 인구수와 1인당 국내총생산은 대체 어떤 관련이 있는 걸까요?

우선 인구수부터 살펴봅시다. 우리나라와 중국에서 똑같은 기준으로 육상 선수를 뽑는다면, 당연히 중국에서 육상 선수가 더 많이 나올 겁니다. 인구수가 우리나라의 몇 배에 달하니까요. 기본적으로 선수가 많은 곳에서 대표 선수를 뽑으면 더 뛰어난 사람을 뽑을 수밖에 없죠. 이러한 이유로 인구수가 메달의 개수를 예측하는 데에 중요하게 작용합니다.

그렇다면 1인당 국내총생산은 어떤 영향을 미치는 것일까요? 1인당 국내총생산은 그 나라의 경제력을 말하는 지표입니다. 한 나라의 경제력은 선수의 기록에 영향을 미치는 요인이 되지요. 박태환 선수의 수영 경기 해설을 보면, 그의 수영복 역시 경기에 영향을 주는 논의 대상이 됩니다. 운동복은 그 자체로 첨단 기술을 재현하는 도구가 되기 때문이죠. 선수들 개개인의 기량도 중요하지만 기록을 향상시키는 첨단 과학 기술의 영향을 무시할 수 없습니다. 즉, 스포츠 과학에 얼마나 많은 돈을 투자할 수 있는지가 국가의 경쟁력을 좌우하는 요소가 됩니다. 이러한 점으로 인해 올림픽과 같은 많은 국제 경기가 부유한 나라의 잔치로 끝난다는 비판도 있습니다.

자, 이제 곧 흥미진진한 스포츠 경기가 열리겠군요. 이번에는 우리도 함께 예측해 봅시다. 인구수, 1인당 국내총생산, 선수들의 전력 등 어떤 요인이 경기에 어떻게 작용하는지.

함께 읽으면 좋은 책들

17 안전한 사회에서 살고 싶다

김영하·신원식, 『현장과 함께하는 사회문제』, 양서원, 2011년

18 복지는 생활이다

토머스 게이건, 『미국에서 태어난 게 잘못이야』, 부키, 2011년

19 조금 달라도 괜찮아, 다문화 국가

김승욱, 『다문화 콘서트』, 신아출판사, 2009년
네이선 글레이저, 『우리는 이제 모두 다문화인이다』, 미래를소유한사람들, 2009년

20 대한민국의 국민이 되기 위한 조건

이한, 『너의 의무를 묻는다』, 뜨인돌, 2010년
전대원, 『나의 권리를 말한다』, 뜨인돌, 2009년

21 진정한 시민으로 거듭나기

마이클 센델, 『돈으로 살 수 없는 것들』, 와이즈베리, 2012년

22 대한민국 청소년들의 시민 의식

김호기, 『청소년을 위한 시민 사회 Q&A』, 아르케, 2004년
이효건, 『청소년, 정치의 주인이 되어 볼까?』, 사계절, 2013년

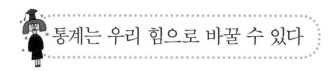

통계는 우리 힘으로 바꿀 수 있다

구약성경에 나오는 다윗 왕은 나라를 통치하는 가운데, 인구를 대대적으로 조사하는 일을 벌였습니다. 요즈음 국가들이 시행하는 인구센서스와 같은 것이죠. 인구센서스는 가구당 사람들의 수와 그들의 직업, 교육 수준, 소득 수준 등 가장 기초적인 정보를 수집하는 정기적인 인구주택총조사를 말합니다.

그런데 이 조사를 시행한 뒤 다윗은 자신의 신에게 큰 벌을 받게 되었습니다. 신에게 의지하지 않고 인간 스스로 나라를 통치하려 했다는 이유에서였죠. 그 벌로 다윗이 통치하는 나라는 3년간 가뭄이 들어 기근에 시달리게 됩니다.

국민 전체에 대한 조사를 하게 되면, 왕은 그것을 기반으로 국가의 운영과 관련한 사안들을 스스로 예측할 수 있습니다. 국민의 수와 백성들이 수확하는 곡식의 양 등 기초적인 통계를 활용해서, 어떻게 국고를 관리하고 군대를 배치하며 백성들이 얼마나 어떻게 늘어날지 등을 파악할 수도 있지요. 그러면 신에게 의존하지 않아도 인간 스스로 계획에 따라 나라를 다스릴 수 있습니다.

달리 말해 통계를 정확하게 알면 사회에서 일어나는 다양한 일에 대해 경향성을 파악할 수 있고, 그것을 기반으로 예측이 가능해집니다. 상황을 예측하게 되면 문제에 대비하고 해결할 수 있게 되지요. 정확한 통계는 신이 두려워할 정도로 강한 힘이 있습니다.

일상에서 활용하는 통계 전략들

처음에 이야기했듯, 우리는 자신도 모르는 사이에 일상적으로 통계 전략을 사용합니다. 어떤 물건을 사려고 할 때, 좋다고 입소문이 났거나 이미 물건을 사용해 본 사람들의 만족도가 높은 것을 고르죠. 이런 현상은 왜 생기는 것일까요?

바로 다수의 사람들이 선호하는 것을 선택하는 편이 안전하기 때문입니다. 식당을 고르는 일을 다시 한 번 예로 들어보겠습니다. 내 취향과 입맛을 완벽하게 고려하지는 않지만, 많은 사람들이 좋아하는 맛집인 경우라면 나 역시 맛이 없다고 느낄 가능성은 낮지요. 즉, 사회에서 사람들의 선호도는 가운데로 모이는 경향이 강하다는 사실을 알 수 있습니다.

이와 반대되는 통계 사용 전략도 있습니다. 10개 정도의 대학을 정해 다양한 전형 방법을 살펴본다고 가정해 봅시다. 이때 많은 사람들이 몰릴 것 같은 전형보다는, 다른 사람들은 선택할 가능성이 낮으면서 자신만의 특성을 발휘할 수 있는 전형을 선택하는 편이 합격 가능성을 높여 줍니다. 누구나 준비할 수 있는 전형이라면 경쟁률이 높은 것은 당연하고, 그러면 합격 가능성은 낮아지기 때문입니다.

또한 전문적으로 통계를 활용하는 사람들이 늘어나고 있습니다. 어떤 가게를 시작하기 전에 사람들은 입지 조사를 하는데, 이것도 통계를 활용한 것입니다. 아파트 단지 근처에 유아용품 가게를 열고 싶어 하는 사람이 있습니다. 그렇다면 입지 조사에서 그가 가장 먼저 해야 할 일은 무엇일까요? 주변에 유아용품을 판매하는 곳이 있는지, 있다면 그 수와 규모 등이 어느 정도인지를 살펴보아야 하죠.

그런 다음, 아파트 단지들의 평수를 살펴보아야 할 것입니다. 젊은 부부가 아이를 키우는 시기라면 넓은 평수의 아파트에서 살 가능성이 낮기 때문입니다. 자, 이 아파트에는 20평짜리의 집이 많다고 가정합시다. 그후 젊은 부부들이 많이 사는지, 노인들이 많이 사는지 실제 거주자들의 연령대 등을 확인하고 유아용품을 판매할 곳으로 적합한지 따져봅니다.

통계를 이용해 똑똑하게 미래를 준비하기

이렇게 우리는 일상에서 다양한 통계 전략과 그 결과를 활용하고 있어요. 그렇다면 우리는 이렇게 '힘이 센' 통계를 어떻게 대해야 할까요? 통계를 바로 알고, 통계의 오류에 빠지지 않으려면 다음의 세 가지를 기억하면 됩니다.

첫째, 통계에 문제가 있을 수 있다는 사실을 기억하세요. 통계에 오류가 생기는 원인으로는 여러 가지가 있습니다. 우선 조사 대상을 명확하게 밝히지 않아서 생기는 문제입니다. 어떤 사람들의 일부만을 대상으로 조사하고서는 전체를 대상으로 한 것처럼 발표하면 당연히 그 통계를 이용할 때 문제가 생기겠죠. 어떤 온라인 상품을 평가한 집단이 알고 보니 그 상품을 제작하는 회사와 연관된 사람들이라면 분명히 긍정적인 평가로 치우칠 수밖에 없을 거예요.

또한 비교 대상이 같지 않은 집단을 비교하는 것도 통계를 잘못 사용한 사례입니다. 어떤 나라에서 군인을 모집할 때, "우리나라 육군 장병의 사망률은 수도권 인구의 사망률보다 낮다"고 광고를 냈습니다. 그런데 잘 생각해 보세요. 군대에는 건강하고 젊은 20대 남성들이 많지만, 수도권에는 다양한 연령의 사람들이 살고 있습니다. 그들 중엔 죽음을 앞둔 고령자들도 있죠.

자, 그럼 '큰 소방서 근처에 큰 화재가 더 많이 난다'는 통계적 명제는 어떨까요? 옳은 말일까요? 큰 불이 많이 나는 지역에 소방서가 많이 있는 것이지 큰 소방서가 있는 지역이어서 큰 불이 많이 나는 것은 아니기 때문에, 이 역시 통계를 잘못 해석한 결과입니다. 통계를 이해할 때에는 기본적인 상식에 기초해서 인과관계를 잘 살펴야 해요.

둘째, 통계에 따라 행동할 때 내가 다수의 경향성을 따르고 싶은지를 판단해야 합니다. 앞에서도 말했듯이 통계에서 사용하는 평균이나 비율은 다수의 경향성을 보여주는 것으로 개인의 취향이나 독특한 선택은 잘 드러나지 않습니다. 다시 말해, 내가 통계에 따라 선택할 때 나의 주관이 아닌 사회적 경향에 따라 행동하는 것은 아닌지를 생각해 보세요. 다수가 선택한 것을 나도 따라서 고를 때, 그것은 내가 정말로 원하는 것이 아닐 수 있습니다.

셋째, 통계의 한 부분으로서 나 또한 중요한 행위자라는 사실을 기억해야 합니다. 『세계가 만일 100명의 마을이라면』이라는 책이 있습니다. 제목 그대로 세계가 100명의 마을이라는 가정에 따라, 지구촌 곳곳의 다양한 현상을 풀어냈습니다. 그 내용을 보면 수많은 사람들 중에 나의 위치를 쉽게 알 수 있어요.

이 이야기를 우리나라에도 적용할 수 있습니다. 대한민국 국민 100% 중에서 나는 얼마만큼 영향력을 가진 사람일까요? 우리나라 5,000만 인구 중의 1명이니 나는 0.00000002%의 영향력을 갖고 있으며, 대한민국이 100명으로 이루어진 사회라면 나는 그중에서 0.000002명이 되는 셈입니다.

자신의 영향력이 너무 약한 것 같다고요? 단독으로 보면 미약하지만 다른 사람들과 서로 연결되어 1%에서 100%까지 유의미한 영향력을 미칠 수 있습니다. 즉, 통계는 우리의 힘으로 바꿀 수도 있는 것입니다.

지금까지 우리는 다양한 통계를 통해 우리 사회의 현주소를 살펴보았습니다. 더불어 22가지의 통계 주제들은 과거를 보여주기도, 장밋빛 미래를 그려주기도 했죠.

　여러분에게 거듭 이야기하고 싶습니다. 이 모든 통계표와 그래프는 현재의 모습을 진단하고 사회의 변화상을 보여주는 도구일 뿐이라는 것을요. 사회는 우리의 힘으로 바꾸어나갈 수 있고 그렇기 때문에 누군가 특정한 인물이나 집단이 의도한 대로 움직이는 곳이 아님을요. 그래서 이 책을 내려 놓으면서 나는 우리 사회 속에서 내가 어떻게 살아갈 것인지 생각해 보는 계기가 되었으면 좋겠습니다.

2014년 1월

구정화

청소년을 위한 사회문화 에세이

초판 1쇄 2014년 1월 25일
초판 13쇄 2025년 1월 10일

지은이 | 구정화
펴낸이 | 송영석

주간 | 이혜진
편집장 | 박신애 **기획편집** | 최예은 · 조아혜
디자인 | 박윤정 · 유보람
마케팅 | 김유종 · 한승민
관리 | 송우석 · 전지연 · 채경민

펴낸곳 | (株)해냄출판사
등록번호 | 제10-229호
등록일자 | 1988년 5월 11일(설립일자 | 1983년 6월 24일)

04042 서울시 마포구 잔다리로 30 해냄빌딩 5 · 6층
대표전화 | 326-1600 **팩스** | 326-1624
홈페이지 | www.hainaim.com

ISBN 978-89-6574-433-7